Ichiro Tamura/Forschungsgruppe des Deutschen Hauses zur Aufarbeitung historischer Materialien (Hrsg.)

„Hie gut Deutschland alleweg!"

Eine Einführung in die Geschichte des Kriegsgefangenenlagers Bando

Tamura, Ichiro/Forschungsgruppe des Deutschen Hauses
zur Aufarbeitung historischer Materialien (Hrsg.)
„**Hie gut Deutschland alleweg!**"
*Eine Einführung in die Geschichte des Kriegsgefangenenlagers
Bando*

ISBN: 978-3-86741-689-4
Auflage: 1
Erscheinungsjahr: 2011
Erscheinungsort: Bremen, Deutschland

© Europäischer Hochschulverlag GmbH & Co KG, Fahrenheitstr. 1, 28359 Bremen

www.eh-verlag.de

Die Übersetzung dieses Buches wurde von Patrick Wagner, Koordinator für internationale Beziehungen der Stadt Naruto 2006-2009, angefertigt und im Mai 2009 fertiggestellt.
Die redaktionelle Endbearbeitung des Manuskripts geschah durch Anja Hankel, Koordinatorin für internationale Beziehungen der Stadt Naruto 2009-2011.

Ichiro Tamura/Forschungsgruppe des Deutschen Hauses zur Aufarbeitung historischer Materialien (Hrsg.)

„Hie gut Deutschland alleweg!"

Inhaltsverzeichnis

Zur Veröffentlichung der dritten Ausgabe 2
Vorwort 4
I.   Bis zur Entstehung des Kriegsgefangenenlagers Bando 7
   1. Was war das Kriegsgefangenenlager Bando? 7
   2. Der Erste Weltkrieg und Japan 7
   3. Die Behandlung von Kriegsgefangenen und völkerrechtliche Verträge 10
   4. Japanisch-deutsche Beziehungen bis zum Ersten Weltkrieg 12
II. Das Musterlager Bando 15
   1. Bando und andere Lager 15
   2. Lagerleiter Toyohisa Matsues Einstellung zur Führung des Lagers 22
III. Tatsachen über Bando 26
   1. Die Struktur der Kriegsgefangenen: Zusammensetzung der Einheit,
      Herkunft, Berufe 26
       1.1. Zusammensetzung der Einheit 26
       1.2. Herkunft 30
       1.3. Berufe 30
   2. Die finanzielle Lage und das Unterstützungssystem 34
       2.1. Finanzielle Lage 34
       2.2. Das Unterstützungssystem 36
   3. Aktivitäten im Lager 40
       3.1. Sport 40
       3.2. Kultur 45
           3.2.1. Vorträge 45
           3.2.2. Musik 47
           3.2.3. Theater 51
           3.2.4. Druck und Veröffentlichungen 54
       3.3. Sonstige Aktivitäten 56
           3.3.1. Krankenkasse 56
           3.3.2. Post 60
           3.3.3. Handel und Geschäfte 62
           3.3.4. Denkmalbau für die im Lager Verstorbenen 64
       3.4. Austausch mit Japanern 65
           3.4.1. Anleitungen in der Industrie Viehzucht 65
           3.4.2. Brückenbau 66

	3.4.3. Ausstellung für Bildkunst und Handfertigkeit 67	
	3.4.4. Varietéaufführung zum Abschied 68	
IV.	Die Lagerzeitung *Die Baracke* 70	
	1. Zeitungen aus anderen Kriegsgefangenenlagern auf Shikoku und Die Baracke 70	
	1.1. Tokushima Anzeiger 70	
	1.2. Lagerfeuer 72	
	1.3. Die Baracke und Der Tägliche Telegrammdienst (Bando) (TTD) 74	
	1.4. Die Heimfahrt 75	
	2. Der Inhalt der „Baracke" 75	
V.	Japanforschungen von Kriegsgefangenen 81	
VI.	Freilassung, Heimfahrt und Wiederbelebung des Austausches 85	
	1. Freilassung und Heimfahrt 85	
	2. Wiederbelebung des Austausches 87	
Schluss – Intensivierung der „Forschungen zu Bando" 93		

An die Leser dieses Buches

„Hie gut Deutschland alleweg!" ist die Übersetzung des japanischen Werkes どこにいようと、そこがドイツだ (*doko ni iyō to, soko ga doitsu da*) in der dritten Auflage aus dem Jahre 2006. Es dient als Museumsführer für das Deutsche Haus in Naruto sowie als eine Einführung in die Geschichte der deutschen Kriegsgefangenen von Bando. Das Original wurde aus japanischer Sicht geschrieben. Diese Sichtweise wurde grundsätzlich beibehalten, Anmerkungen für den deutschen Leser aber in Form von Fußnoten hinzugefügt. Des Weiteren wurden japanische Nachnamen im Text – entgegen der in Japan üblichen Reihenfolge – einheitlich *hinter* den Vornamen gesetzt, da sich diese Variante im Laufe des deutsch-japanischen Austausches an diesem Ort bereits eingebürgert hat. Zum besseren Verständnis sind japanische Namen in Fußnoten noch einmal in japanischer Schreibweise angegeben. Dabei steht, der üblichen Reihenfolge im Japanischen entsprechend, der Familienname (in KAPITÄLCHEN) *vor* dem Vornamen.

Zur Veröffentlichung der dritten Ausgabe

Vom Oberbürgermeister der Stadt Naruto, Toshiaki Kamei

Seit dem Bau des alten Deutschen Hauses, in dem der Austausch mit Deutschland seit der Zeit des Kriegsgefangenenlagers Bando folgenden Generationen vermittelt werden sollte, sind inzwischen mehr als 30 Jahre vergangen. Das neue Deutsche Haus steht mittlerweile auch bereits seit mehr als zwölf Jahren. Dieser Tage ist es nun möglich, die bereits dritte Auflage des Anfang 2000 erstmals erschienenen Museumsführers dank Ihrer herzlichen Unterstützung vorzustellen.

Im April 1917 wurden die Lager Tokushima, Matsuyama und Marugame zusammengelegt und als neues Lager Bando errichtet. Eine Wiederbelebung der freundschaftlichen Beziehungen zwischen diesem Ort – mit seiner Tradition des herzlichen Empfanges von Shikoku bereisenden Pilgern – und Deutschland kam erneut nach dem Zweiten Weltkrieg zustande. Anlass dazu gab die Pflege des Gedenksteines deutscher Soldaten durch Einheimische[1].

Die Stadt Naruto, in der die Neunte Sinfonie Ludwig van Beethovens zum ersten Mal in Japan aufgeführt wurde, veranstaltet seit dem Jahr 1982 an jedem ersten Sonntag im Juni ein Konzert der „Neunten". 2001 wurde in der Partnerstadt Lüneburg ein Heimkehrkonzert aufgeführt, welches 2003 in Braunschweig wiederholt wurde.

Darüber hinaus hat die Stadt Naruto zu ihrem 50jährigen Jubiläum mit der Übersetzung und Veröffentlichung der damaligen Lagerzeitung *Die Baracke* begonnen. 1998 erschien Band I, 2001 Band II, 2005 Band III und 2006 wird der letzte Band IV herausgegeben[2]. Durch diese Bände sind noch detailliertere Fakten über das Leben und die Aktivitäten der deutschen Soldaten aus damaliger Zeit bekannt geworden. Die Fortführung dieser Art von Arbeit, die Übernahme des Erbes des weltweit einzigartigen Kriegsgefangenenlagers Bando, erachte ich als Pflicht der

---

[1] Im Lager wurde ein Gedenkstein für die während der Gefangenschaft verstorbenen deutschen Soldaten errichtet. Die japanische Familie Takahashi kümmerte sich nach dem Zweiten Weltkrieg über Jahre um diesen Stein und wurde im Nachhinein von der Bundesrepublik Deutschland mit einer Verdienstmedaille ausgezeichnet. Dieser Umstand gab den Anlass zur Wiederbelebung der japanisch-deutschen Freundschaft in der heutigen Stadt Naruto.

[2] Die komplette japanische Übersetzung aller Bände der *Baracke* wurde im April 2007 vorgestellt.

Bürger Narutos, die sich auch bisher für den internationalen Austausch eingesetzt haben.

Mehr als 30.000 Besucher kommen jedes Jahr ins Deutsche Haus, und ein Blick auf die hinterlassenen schriftlichen Eindrücke und Kommentare verrät, dass viele von ihnen beeindruckt waren und uns ihren Zuspruch aufzeigten. Unter diesen Kommentaren erklang häufig der Wunsch nach einem leicht verständlichen Museumsführer, dem wir mit diesem Buch nachkommen möchten. Vor dem Hintergrund des Lagers Bando sind die verschiedenen Aktivitäten der deutschen Soldaten zusammen mit Fotos und Skizzen bereits für japanische Grundschüler aus höheren Jahrgängen und Mittelschüler leicht verständlich zusammengefasst worden. Es werden die Aktivitäten der Soldaten im Bereich Musik, Theater und auch Sport, die Unterstützung durch den Lagerleiter Matsue, die Haltung der Lagerverwaltung, die Wiederbelebung des Austausches nach dem Zweiten Weltkrieg sowie die gegenwärtige Lage der internationalen Beziehungen der Stadt Naruto eingehend beschrieben.

Im letzten Jahr wurden Dreharbeiten zum Film „Ode an die Freude"[3], der die freundschaftlichen Beziehungen zwischen den deutschen Soldaten und den Einheimischen darstellt sowie den Lagerleiter Matsue porträtiert, in der Stadt Naruto durchgeführt. Über das Filmkulissendorf in der Nähe des Deutschen Hauses kann man sich noch heute erfreuen. Auch um etwas über den Hintergrund dieses Filmes zu erfahren, ist der vorliegende Museumsführer des Deutschen Hauses von großem Nutzen. Ich würde mich freuen, wenn dieser als ein Einführungswerk oder auch als Mitbringsel einer Reise, mit dem man von den Eindrücken vor Ort berichtet, Verwendung finden könnte.

Naruto im März 2006

---

[3] Der japanische Titel des Filmes lautet バルトの楽園 (*baruto no gakuen*).

Vorwort

Vom Direktor des Deutschen Hauses, Dr. Ichiro Tamura

Das heutige Gebiet Oasa in Naruto wurde früher Bando genannt. An diesem Ort wurde im Ersten Weltkrieg ein Kriegsgefangenenlager für ca. 1.000 deutsche Soldaten errichtet, die dort zwei Jahre und zehn Monate verbrachten. Da man sich im Krieg befand, war diese Zeit selbstverständlich nicht vollkommen konfliktfrei, doch durch die Bemühungen der Lagerverwaltung und im Besonderen des Lagerleiters Matsue konnten die herzlich als „Doitsu-san" (Herr Deutscher) bezeichneten deutschen Soldaten ein relativ freies Leben verbringen.

Die Soldaten betrachteten die Kriegsgefangenschaft als eine Art Dienst und gingen verschiedenen Aktivitäten nach, um sich daraus Antrieb gegen die leichte Lethargie des Lagerlebens zu holen. Sie vergnügten sich mit kulturellen Aktivitäten wie der Aufführung von Konzerten, von denen die Erstaufführung der Neunten Sinfonie von Beethoven in Japan wohl das Berühmteste ist, sowie zahlreichen Theatervorstellungen, Studien- und Vortragsveranstaltungen und darüber hinaus auch mit Fußball und Hockey auf eigens dafür errichteten Sportplätzen. Andere Sportaktivitäten, wie z. B. anspruchsvolles Gruppenturnen wurden ebenfalls lebhaft betrieben. Wichtig hierbei ist, dass die deutschen Soldaten diese Aktivitäten nicht nur auf sich beschränkten, sondern auch den Bewohnern der Umgebung bis hin zur Stadt Tokushima zugänglich machten. Neben Anleitungen in der Musik wurde auch in der Viehzucht, der Herstellung von Käse und Brot sowie auf vielen anderen Gebieten Wissen an die Japaner vermittelt. Auf dem Gelände des Oasahiko-Schreins sind noch heute zwei von den Deutschen gebaute Brücken erhalten.

Durch diesen Austausch entwickelte sich eine auch sprachliche Hürden überwindende herzliche Freundschaft zwischen Japanern und Deutschen, die für einen Zeitraum von drei Jahren anhielt und nach einer Unterbrechung von über 40 Jahren in den 1960er Jahren erneut aufblühte.

Auf der gegenüberliegenden Seite des vom Deutschen Haus westlich gelegenen Berges befand sich das ehemalige Lager. Dort steht noch heute das aus Stein gebaute Ehrenmal für die im Lager verstorbenen deutschen Soldaten. Durch Zufall entdeckte eine in der Nähe wohnende Hausfrau das von Gräsern und Unkraut überwucherte Ehrenmal und kümmerte sich freiwillig über einen Zeitraum von mehr als zehn

Jahren darum. Die ehemaligen Kriegsgefangenen erfuhren davon, worauf einige von ihnen dieses Gebiet wieder besuchten und sich somit eine Wiederbelebung des ehemals freundschaftlichen Austausches ergab. Dadurch angeregt wurde 1972 das erste Deutsche Haus erbaut, für das viele wertvolle Gegenstände aus alter Zeit auch aus Deutschland gestiftet wurden. Allerdings wurde das im Fachwerkstil errichtete Gebäude mit der Zeit zu alt und bot nicht mehr genügend Platz. Das gegenwärtige Deutsche Haus wurde 1993 in Anlehnung an das Rathaus der Partnerstadt Lüneburg errichtet. Der Platz vor dem Haus wird als Ort internationalen Austausches benutzt, wo u. a. die Neunte Sinfonie aufgeführt und jedes Jahr deutsche Feste veranstaltet werden. Allerdings liegt die vorrangige Bedeutung des Deutschen Hauses in der Vermittlung der Hinterlassenschaft der deutschen Soldaten. So haben wir an der Übersetzung des von den Kriegsgefangen hinterlassenen wertvollen Materials, der Lagerzeitung *Die Baracke*, gearbeitet und 1998 den ersten Band, 2001 den zweiten Band sowie 2005 den dritten Band herausgegeben. Diese Arbeit wird auch in Zukunft fortgeführt[4], aber unter den Besuchern des Deutschen Hauses bestand darüber hinaus der Wunsch nach einem leicht verständlichen Museumsführer. Ich hoffe, mit diesem Buch dem Wunsch nachkommen zu können.

Der Titel dieses Buches „Hie gut Deutschland alleweg!"[5] war ein Spruch, der im März 1918 bei einer Ausstellung im Ryozen-Tempel auf einer berittenen Pferdestatue über dem Eingang zum Ausstellungsgelände geschrieben stand. Ursprünglich stellte dieser Spruch das Motto des Deutschen Ritterordens bei der Erschließung des Gebietes der heutigen drei baltischen Staaten dar. Die Kriegsgefangenen aus Bando werden diesen wohl übernommen haben, um ihre geistige Einstellung zu zeigen. Als Buchtitel habe ich ihn gewählt, weil er meines Erachtens genau der Geisteshaltung der deutschen Soldaten entsprach, die auch in einem fremden Land nicht den Mut verloren und so gut wie möglich ihr Leben verbrachten.

---

4   Im April 2007 wurde die Übersetzungsarbeit für *Die Baracke* abgeschlossen. Die komplette Übersetzung inklusive der auf dem Weg in die Heimat von den ehemaligen Kriegsgefangenen angefertigten Zeitung *Heimfahrt* liegt in japanischer Sprache vor. Zusätzlich gibt es eine CD-ROM, die sämtliche Ausgaben der *Baracke* in moderner lateinischer Schrift enthält.

5   Der Titel auf dem japanischen Original ist als Übersetzung mit どこにいよう と、そこがドイツだ (*doko ni iyō to, soko ga doitsu da*) sowie auf Deutsch in Sütterlinschrift angegeben.

Die erste Ausgabe dieses Museumsführers wurde von Keisuke Yamato und Ichiro Tamura geschrieben. Nachdem Herr Yamato im Jahre 2001 verstarb, übernahm Ichiro Tamura die Arbeit ab der folgenden Ausgabe allein. Beim Schreiben wurde möglichst das Original *Die Baracke* zurate gezogen, darüber hinaus gab es aber noch zahlreiche andere Materialien wie z. B. „Das Kriegsgefangenenlager Bando - Der japanischdeutsche Krieg und deutsche Gefangene in Japan"[6] von Hiroshi Tomita. Für die erhaltene Unterstützung möchte ich mich von Herzen bedanken und wäre zugleich dankbar für Verbesserungsvorschläge oder weitere Hinweise.

Naruto im März 2006

Blick über das Kriegsgefangenenlager Bando

---

[6] Originaltitel: 板東俘虜収容所 日独戦争と在日ドイツ俘虜 (*bandō furyo shūyōjo - nichidoku sensō to zainichi doitsu furyo*).

I. Bis zur Entstehung des Kriegsgefangenenlagers Bando

1. Was war das Kriegsgefangenenlager Bando?

Das Kriegsgefangenenlager Bando war eine Einrichtung aus dem Ersten Weltkrieg, welche zur Internierung von ca. 1.000 deutschen Soldaten im heutigen Gebiet Naruto, Oasa errichtet wurde. Der Erste Weltkrieg wird bei den meisten Personen den Krieg in Europa in Erinnerung bringen, für dessen Ausbruch der Mordanschlag auf den österreichischen Kronprinzen, das Attentat von Sarajevo, steht. Warum sind aber aus diesem Krieg Gefangene nach Japan gekommen?

2. Der Erste Weltkrieg und Japan

Die etwas älteren Leser erinnern sich sicherlich noch daran, dass die Marshallinseln und die Marianen, die Inseln des heutigen Mikronesiens, bis zur Niederlage im Zweiten Weltkrieg japanisches Territorium waren. Zur damaligen Zeit orientierten sich die europäischen Länder aus wirtschaftlichen und militärischen Interessen in Richtung Asien. Deutschland stellte dabei keine Ausnahme dar und erwarb bereits 1885 Inseln Mikronesiens. Diese wurden nach Ende des Ersten Weltkrieges Mandatsgebiet des Völkerbundes und unter japanische Kontrolle gestellt.

Japan, das 1895 siegreich aus dem Japanisch-Chinesischen Krieg hervorging, verlangte von China die Abtretung der Halbinsel Liautung[7], wogegen in der sogenannten Triple-Intervention Russland, Deutschland und Frankreich Einwände erhoben. Als später deutsche Missionare in Peking ermordet wurden, gab dies Deutschland den Vorwand die Bucht von Kiautschou[8] zu besetzen und 1898 die Halbinsel Schantung[9] als Pachtgebiet an sich zu nehmen. Im gleichen Jahr erwarb Großbritannien Weihaiwei, welches sich im Nordosten Schantungs befindet. Zu diesem Zeitpunkt bestand ein Anglo-Japanisches Bündnis und Großbritannien, welches in Europa in den Krieg eingetreten war, bat den Bündnispartner Japan um Unterstützung beim Schutz britischer Handelsschiffe vor Angriffen des deutschen Ostasiengeschwaders.

---

[7] Der Name wird in chinesischer Umschrift auch als *Liaodong* angegeben.
[8] Ebenso: *Jiaozhou*.
[9] Ebenso: *Shandong*.

Schantung und Umgebung um 1900

Dies betrachtete Japan als eine gute Gelegenheit nach China vorzurücken und kam dieser Bitte gern nach. Zwar durchschaute Großbritannien im Nachhinein die Absicht Japans und zog die Bitte wieder zurück, aber Japan erklärte dennoch, unter der Bedingung, sich nur begrenzt and den Kämpfen zu beteiligen, im August 1914 Deutschland den Krieg.

Anfang September entsandte Japan eine ca. 30.000 Mann starke Armee und belagerte den Stützpunkt der deutschen Soldaten, Tsingtau[10]. Deutschland musste seine Kräfte auf den Kampf in Europa konzentrieren und somit die Verteidigung dieses Gebietes 5.000 Soldaten überlassen, von denen ein Drittel aus einberufenen und freiwilligen Soldaten aus Asien bestand. Der Ausgang dieses Kampfes war von Anfang an offensichtlich; nach drei Monaten, am 7. November, kapitulierte das deutsche Heer. In der Zwischenzeit besetzte Japan Mikronesien und erhielt vom Völkerbund das Mandat für dessen Verwaltung.

So trat Japan mit nur wenigen Gefechten als „der lachende Dritte" auf und übernahm die deutschen Interessen auf der Halbinsel Schantung einschließlich der Eisenbahn von Kiautschou. Anfang des folgenden Jahres forderte China den Rückzug japanischer Truppen aus der Provinz Schantung, worauf-

Deutsche Soldaten in Tsingtau

---

10   Ebenso: *Qingdao*.

hin Japan seinerseits die sogenannten 21 Forderungen [11] stellte und damit das Fundament zur Kontrolle über die Mandschurei legte.

In dieser Zeit kamen etwa 4.700 der deutschen Soldaten als Kriegsgefangene nach Japan, welche zunächst in zwölf Lagern zwischen Tokyo und Kumamoto interniert wurden. Auf der Insel Shikoku wurden drei Lager in Matsuyama, Marugame und Tokushima errichtet. Da unter den Lagern viele Mängel bestanden, wie z. B. dass diese eng oder weit zerstreut gewesen sein sollen, wurden im März 1916 Verbesserungen durchgeführt. Die Grundlage für diese Verbesserungen stellte der Bericht eines Angestellten der Amerikanischen Botschaft in Tokio dar, die vom deutschen Außenministerium um eine Untersuchung gebeten worden war.

Von den Kriegsgefangenen erstellte Karte von Tsingtau

Man hatte ab dem Jahre 1915 bereits u. a. in Kurume mit einer Instandsetzung begonnen und schließlich die Lager an den sechs Orten Narashino, Nagoya, Aonogahara (westlich von Kobe), Bando, Ninoshima (in der Bucht von Hiroshima) und Kurume zusammengelegt. Auf Shikoku fasste man die drei Lager im April 1917 im neu errichteten Lager Bando zusammen. Dort verbrachten bis zum Januar 1920 ungefähr 1.000 deutsche Soldaten zwei Jahre und zehn Monate als Kriegsgefangene.

---

[11] 21 Forderungen: von der Regierung des Kaiserreichs Japan an die Republik China am 18. Januar 1915 gestellte Forderungen um die Kontrolle von Gebieten wie u. a. die Provinz Schantung, die Mandschurei und Innere Mongolei. Versuch Japans, sich die Vorherrschaft über China zu sichern.

3. Die Behandlung von Kriegsgefangenen und völkerrechtliche Verträge

Eines der wichtigsten Ziele der Meiji-Regierung[12] war die Aufhebung der mit den westlichen Ländern in der Bakumatsu-Zeit[13] geschlossenen Ungleichen Verträge. Diese beinhalteten im Kern eine Extraterritorialität, bei der die Gerichtsbarkeit für die in einem Gebiet lebenden Ausländer beim Konsulat des jeweiligen Landes lag, sowie einen Verzicht auf das Zollbestimmungsrecht, bei der man die Zölle für den Handel mit anderen Ländern nicht selbst bestimmen konnte. Unter diesen Voraussetzungen war es Japan nicht möglich gewesen, eine wahrhafte Unabhängigkeit zu erlangen, weshalb die japanische Regierung eine Korrektur dieser Verträge gegenüber den betreffenden Ländern zu erwirken versuchte. Allerdings hatten diese ihre eigenen Interessen und die Hürde zur Anerkennung Japans als ein zivilisiertes Land durch die westlichen Mächte war hoch. Erst 40 Jahre später im Jahr 1911 errang man mit Vertragsrevisionen einen Erfolg.

Um das Bild der als Barbaren geltenden Japaner, die u. a. beim Namamugi-Zwischenfall[14] oder Sakai-Zwischenfall[15] sofort das Schwert gegenüber Ausländern zogen, zu verbessern, lernten sämtliche hohe Regierungsbeamte europäische Tänze oder gingen in die Kirche. Man befand sich in der sogenannten Rokumeikan-Zeit[16]. Durch Aktivitäten wie Tanzenlernen allein erhielt Japan jedoch keine größere internationale Aufwertung. Womit man aber in der Zeit Aufmerksamkeit erlangte, war die Anpassung an verschiedene völkerrechtliche Verträge. Besonders wichtig war die Beteiligung an zeitgemäßen Kriegsverträgen. Der weltweit erste dieser Kriegsverträge war die Genfer Konvention

---

12 Meiji-Regierung oder Meiji-Ära 明治時代 (*meiji jidai*) : Zeitraum der Regentschaft des japanischen Kaisers Mutsuhito (*Meiji tennō*) 1868 – 1912.
13 Bakumatsu-Zeit: Ende der Herrschaft des Tokugawa-Shogunats und Ankunft der so genannten Schwarzen Schiffe unter Commodore Perry im Jahr 1853, die eine Öffnung Japans für das Ausland nach über 200 Jahren Landesabschließung erzwangen.
14 Namamugi-Zwischenfall: Namamugi ist der Name des Dorfes, in dem am 14. September 1862 Angriffe auf britische Ausländer durch Samurai erfolgten. Als Vergeltung bombardierten die Briten das Gebiet Satsuma.
15 Sakai-Zwischenfall: Angriff auf französische Matrosen durch japanische Samurai im Jahre 1868.
16 Rokumeikan 鹿鳴館 war ein für den Empfang von ausländischen Gästen und für westliche Veranstaltungen im Jahre 1883 erbautes Haus. Mit diesem Begriff wird auch die Zeit der verstärkten Aufnahme von ausländischem Kulturgut bezeichnet.

im Jahre 1864, als Japan sich noch in der Bakumatsu-Zeit befand. Unter anderem Namen wird diese Konvention auch das „Genfer Rotkreuz-Abkommen" genannt und hatte die vom Schweizer Henry Dunant geforderte humanitäre Behandlung von Kriegsgefangenen zum Ziel. Die japanische Regierung bat um Aufnahme in dieses Abkommen, was allerdings erst 20 Jahre später zugestanden wurde. Aber auch ohne das Zugeständnis zur Aufnahme in dieses Abkommen schenkte die japanische Regierung – um internationale Anerkennung zu erlangen – den Kriegsverträgen besonderes Augenmerk. Dass die Rechte für Kriegsgefangene eine gesetzmäßige Form erhalten sollten, war Thema bei der Brüssler Konferenz im Jahre 1874. Beim Japanisch-Chinesischen Krieg von 1894-95 wurden die Gefangenen entsprechend der aus der Brüsseler Konferenz entstandenen, jedoch nicht ratifizierten Brüsseler Deklaration behandelt. Darüber hinaus wurde im Haager Abkommen II der Haager Friedenskonferenz von 1899 eine humane Behandlung von Kriegsgefangenen klar festgelegt. Beim Japanisch-Russischen Krieg von 1904-05 nahm Japan an die 80.000 russische Gefangene; durch die genaue Einhaltung des Abkommens jedoch zeigte man eine besondere Fürsorge gegenüber den Gefangenen, wofür man von russischer Seite großen Dank erntete. Besonders die gute Behandlung in Matsuyama scheint berühmt gewesen zu sein, da es Anekdoten gibt, denen zufolge die russischen Soldaten „Matsuyama" rufend kapituliert haben sollen.

Dieses Abkommen wurde während der zweiten Haager Friedenskonferenz 1907 zum Haager Abkommen IV überarbeitet. 1911 ratifizierte Japan dieses besonders bezüglich der Behandlung von Kriegsgefangenen erweiterte Abkommen sowie dessen Anlage, die Haager Landkriegsordnung, nach deren Bestimmungen die Kriegsgefangenen im Ersten Weltkrieg einschließlich der aus Tsingtau behandelt wurden. Der Lagerleiter von Bando, Toyohisa Matsue, bemühte sich auf Grundlage dieses Abkommens um die Verbesserung der Lagerverwaltung.

Dieses Abkommen wurde teilweise in die Genfer Konvention von 1929 integriert, bei der die Wichtigkeit der Einhaltung von Menschenrechten von Kriegsgefangenen erneut betont wurde. Auch während des Zweiten Weltkrieges galt dieses Abkommen als Grundlage bei den Kämpfen. Japan und Deutschland ratifizierten es allerdings nicht und behandelten viele Gefangene auf grausame Weise. Dass die Frage der Kriegsschuld bei den Prozessen nach Kriegsende dahin gehend gestellt wurde, welche Haltung man gegenüber diesem Abkommen gezeigt hatte, versteht sich von selbst. Allerdings sollte es auch erlaubt sein, daran zu erinnern, dass z. B. im Kriegsgefangenenlager der Stadt Zentsuji im Zweiten Weltkrieg der Lagerleiter Hosoya und seine Vertreter sich trotz der im Vergleich zum Ersten Weltkrieg weitaus schwierigeren Bedingungen um eine humane Lagerführung bemühten, für die sie nach dem Krieg den Dank der Gefangenen erhielten.

Auf diese Weise fand mit der durch Lagerleiter Matsue geführten Verwaltung Bandos eine Entwicklung statt, die eine Revision der Ungleichen Verträge zum Ziel hatte und sich um eine bessere Anerkennung Japans in der internationalen Gemeinschaft bemühte.

4. *Japanisch-deutsche Beziehungen bis zum Ersten Weltkrieg*

Die japanische Regierung kündigte 1881 die Errichtung eines Parlaments an. Dabei bat man Deutschland um ein Modell für ein politisches System sowie Gesetze, aus denen eine Verfassung entstehen sollte. Inoue Kowashi [17], der als Berater im Dienst des späteren Premierministers Hirobumi Ito [18] einen Verfassungsentwurf ausarbeitete, erklärte 1881 in einer Empfehlung, wie wichtig es sei, für die Verbreitung der Germanistik zu sorgen. Seit 1877 verstärkte sich die Bewegung für Freiheit und Volksrechte, die von der englischen und französischen Schule mit ihren Vertretern Mill [19] und Rousseau [20] gelernt hatte. Als Gegenbewegung dazu versuchte man aber auch, aktiv eine Verabsolutierung des Kaisers und eine von konfuzianischer Tradition durchdrungene Geisteshaltung aufzunehmen.

Parallel dazu wurden verstärkt deutsche Lehrer an der Universität Tokyo, der Universität Kyoto und andernorts angestellt und viele Studenten strebten nach Deutschland. Bei der Ausarbeitung eines Verfassungsentwurfes wird auch die direkte Beteiligung des deutschen Rechtswissenschaftlers Roesler [21] genannt.

---

17 INOUE Kowashi 井上 毅 (1844-1895). Bedeutender Staatsmann Japans mit besonderem Engagement in Verfassungskunde und Bildungspolitik.
18 ITO Hirobumi 伊藤 博文 (1841-1909). Erster Premierminister Japans und Generalgouverneur Koreas.
19 John Stuart Mill (1806-1873). Englischer Philosoph und Ökonom. Gilt als einer der einflussreichsten liberalen Denker des 19. Jahrhunderts.
20 Jean-Jacques Rousseau (1712-1778). Französisch-schweizerischer Schriftsteller, Philosoph und Pädagoge. Gilt als einer der wichtigsten geistigen Wegbereiter der Französischen Revolution.
21 Karl Friedrich Hermann Roesler (1834-1894). Deutscher Rechtswissenschaftler und Nationalökonom. Hielt sich zwischen 1878 und 1893 als Ratgeber des japanischen Außenministeriums und Kabinetts in Japan auf.

Mit Blick auf den Ersten Weltkrieg ist besonders wichtig zu erwähnen, dass 1883 die grundsätzliche Ausrichtung der Armeeführung von einem französischen in ein deutsches Modell umgeändert wurde. Die japanische Regierung erlaubte in der Zeit der Ungleichen Verträge England und Frankreich, Truppen in Yokohama zu stationieren. Diese Vereinbarung wurde zwar kurz darauf rückgängig gemacht, wirft man aber einen Blick zurück auf diese Zeit, so erfährt man, dass England die Beratung der Marine und Frankreich die des Heeres überlassen worden war. Die japanische Heeresführung war allerdings mit dem mangelnden Enthusiasmus der französischen Offiziere unzufrieden und beschloss nach dem Sieg Preußens über Frankreich (1870/71) eine Umstellung auf das deutsche Muster. Unter der neuen Führung errang man Siege im Japanisch-Chinesischen Krieg (1894/95) und Japanisch-Russischen Krieg (1904/05), wodurch sich Vertrauen und Respekt gegenüber Deutschland spürbar verstärkten.

Dass sich diese enge Verbindung auch bis kurz vor dem Ersten Weltkrieg fortsetzte, wird am Beispiel von Hauptmann Stecher deutlich, der in Matsuyama und Bando interniert war. Stecher kam als Berater für Artilleriewesen 1907 nach Japan und übte diese Aufgabe über drei Jahre lang aus. Kurz vor seiner Heimreise erhielt er eine Einladung des japanischen Kaisers, der ihm persönlich für seine hervorragenden Leistungen dankte. Vor diesem Hintergrund wird verständlich, dass die deutschen Kriegsgefangenen bei der Ankunft in Shimonoseki[22] eigens von einem Kammerherrn des Kaisers empfangen wurden und dass sogar ein Prinz der kaiserlichen Familie eine Sonderausstellung der Gefangenen besuchte.

Auf diese Weise lässt sich zudem der Zusammenschluss der spät entwickelten kapitalistischen Länder ab 1936 zwischen Deutschland und Japan und später mit Italien erkennen. Japans weiteres Vorrücken nach China 1931 gab den Anlass zum Austritt aus dem Völkerbund, dessen Beispiel Deutschland nach der Machtergreifung Hitlers 1933 folgte. Auf diese Weise wandte man der internationalen Gemeinschaft den Rücken zu und sorgte verstärkt für eine faschistische Ausrichtung im eigenen Land. In Vorahnung eines japanisch-deutschen Zusammenschlusses unterdrückte man vorsorglich antijapanische Stimmungen in

---

22 Shimonoseki 下関. Südwestlichste Stadt auf Japans Hauptinsel Honshu 本州 (*honshū*) in der Präfektur Yamaguchi 山口県 (*yamaguchi ken*). Dort wurde 1895 der Friedensvertrag nach Ende des Japanisch-Chinesischen Krieges unterzeichnet.

Deutschland (wie z. B. die „Gelbe Gefahr"), die sich aufgrund des Kampfes in Tsingtau erhoben hatten, und führte auch den Handel mit Japan während des Krieges fort. Man darf dabei allerdings nicht vergessen, dass man durch die Zusammenarbeit mit Japan auf der Suche nach einem Weg war, weiteres Vordringen anderer europäischer Länder nach Asien zu verhindern.

Nicht nur Soldaten, sondern auch Deutsche, die an Handel interessiert waren, kamen seit der Meiji-Zeit (ab 1868) nach Japan. Es heißt, dass 159 Personen nach der Freilassung aus dem Lager in Japan geblieben sind, worunter nicht wenige vor dem Krieg in Japan gelebt hatten und von hier aus nach Tsingtau einberufen worden waren.

So war Kurt Meißner 1906 nach Yokohama zur Zweigstelle einer mit Maschinen handelnden Firma nach Japan gekommen. Über ihn wird gesagt, dass sein Japanisch unter den Gefangenen am besten gewesen sein soll, weshalb er nach der Kapitulation der deutschen Soldaten als Dolmetscher fungierte und als Vermittler in Matsuyama und Bando zuständig war. Zu diesem Zeitpunkt war er gerade einmal 21 Jahre alt. Meißner blieb auch nach der Freilassung bis zu seinem 80. Lebensjahr, insgesamt 60 Jahre lang, in Japan und bemühte sich nach seiner Rückkehr nach Deutschland in der Bando Gesellschaft Hamburg für die Wiederbelebung des Austausches mit Japan. Im Lager erstellte er u. a. Lehrbücher für den Japanischunterricht. Sein eigentliches Interesse galt aber der Volkskunde, weshalb er auch „Rakugo" [23] und „Der Krieg der alten Dachse"[24] auf Deutsch veröffentlichte.

Neben Personen, die solche Leistungen hinterließen, gab es noch viele weitere, die ebenfalls eine wichtige Rolle spielten. Beispielsweise war der in Kurume internierte Paul Hirschberger in Deutschland in einer Gummifabrik angestellt gewesen und erhielt dadurch eine Anstellung in Japan. Er hatte zwar überhaupt keine Arbeitserfahrungen vor Ort, eignete sich aber durch fleißiges Lernen umfangreiche technische Kenntnisse an und stellte ausgezeichnete Produkte her. Diese sollen zur Grundlage der heutigen Bridgestone-Reifen geführt haben. Daneben gab es noch Gefangene wie Juchheim und Freundlieb, die unter ihren Namen Konditoreien und Bäckereien eröffneten oder für die Verbreitung von Wurstherstellung sorgten. Solche Personen bauten durch das Alltagsleben eine tiefe Verbindung zu den Japanern auf.

---

23 Rakugo 落語. Humorvoller Monolog als eine Art japanischer Unterhaltung.
24 Der Originaltitel lautet 古だぬき合戦 (*furudanuki gassen*) bzw. 阿波の狸合戦 (*awa no tanuki gassen*).

II. Das Musterlager Bando

„Wo sonst in der Welt hat es je ein Gefangenenlager gegeben wie in Bando? Wo sonst in der Welt hat es je einen Lagerkommandanten gegeben wie Matsue?" Das waren die Worte von Paul Kley, der nicht nur in Japan im Kriegsgefangenenlager gelebt hatte, sondern auch im Zweiten Weltkrieg in Sibirien in Gefangenschaft geriet.

1964 erschien das Buch „Handbuch der Kriegsgefangenenpost Tsingtau 1914 bis 1920", in dem sowohl verschiedene Briefmarken veröffentlicht wurden, als auch einfache Beschreibungen zur Situation und Bewertung aller Lager enthalten sind. Dort wird Bando als „Musterlager" beschrieben und

Eingangstor zum Kriegsgefangenenlager Bando

steht damit im starken Gegensatz zu dem als „Japans Konzentrationslager" verrufenen Kurume. Wodurch zeichnete sich Bando aber gegenüber den anderen Lagern aus und wieso führte der Leiter Oberst Matsue[25] das Lager auf diese besondere Weise?

1. Bando und andere Lager

Wie eingangs erwähnt, wurden die in Tsingtau gefangen genommenen deutschen Soldaten zwischen Oktober und Dezember 1914 in zwölf Lager von Tokyo bis Kurume interniert. Diese wurden bis zum Jahr 1918 von Narashino bis Kurume in einen besseren Zustand gebracht und zu sechs Lagern zusammenge-

Kriegsgefangenenlager Tokushima

---

25 MATSUE Toyohisa 松江 豊寿 (1872-1956).

legt (Abb. 1a und 1b). Unter diesen befand sich auch das Lager Bando.

Abb. 1a, Übersicht zur Eröffnung und Schließung der Kriegsgefangenenlager im Ersten Weltkrieg

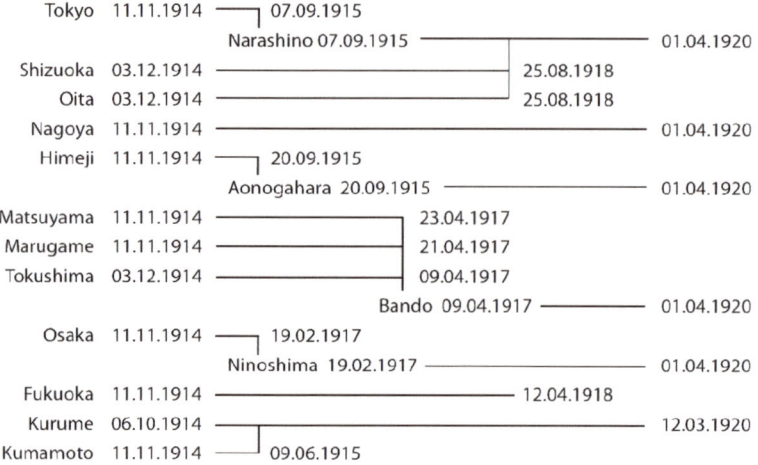

Abb. 1b, Karte der Lagerstandorte

Zur Überprüfung der Zustände der Lager machte der Repräsentant der Firma Siemens-Schuckert, Hans Drenckhahn, 1915 eine Reise durch das ganze Land und schickte einen detaillierten Bericht nach Berlin. Vermutlich auf dessen Grundlage bat das deutsche Auswärtige Amt die amerikanische Botschaft in Tokyo um eine Untersuchung, mit welcher diese den 23jährigen Wells beauftragte. Voller Tatendrang besuchte Wells im Februar 1916 die Lager im ganzen Land, hörte sich die Beschwerden der Internierten an und präsentierte einen die aktuelle Situation widerspiegelnden Bericht. In diesem wurde gewürdigt, dass die japanische Seite auf die Gesundheit, die Verpflegung und den Erhalt des Vermögens aller Gefangenen achtete und Möglichkeiten für die Ausübung besonderer Fähigkeiten schuf. Ebenso wurde lobend erwähnt, dass der für die Aktivitäten notwendige Platz bereitgestellt wurde und man versuchte, den Bedürfnissen der Gefangenen entgegen zu kommen. Verbesserungen wurden ausdrücklich beim beengten Wohnraum gefordert. Besonders für die Lager in Shizuoka, Nagoya, Osaka, Tokushima, Marugame, Matsuyama, Fukuoka und Kurume wurden strenge Forderungen gestellt. Gewisse Nachbesserungen wurden daraufhin zwar durchgeführt, Nagoya und Kurume beließ man aber in ihrem ursprünglichen Zustand und auch zum Lager Bando kann man nicht sagen, dass es sonderlich groß gewesen wäre (Tabelle 1).

Blick in die Baracke

Der Leiter des Lagers Tokushima war Toyohisa Matsue, damals noch im Rang eines Oberstleutnants. Über das Lager erwähnt Wells lobend, dass „es zwar beengt war, aber eine Atmosphäre der partnerschaftlichen Zusammenarbeit zwischen Internierten und der Verwaltung herrschte und man außer über die eintönige Verpflegung kaum Beschwerden zu hören bekam". In Fukuoka und Kurume hingegen wurde auf vieles hingewiesen, z. B. dass nicht nur die Ausstattung mangelhaft, sondern man häufig Tätlichkeiten ausgesetzt sei und eine feindliche Stimmung herrsche. Dass von den sechs deutschen Kriegsgefangenen in Japan, die erfolgreich flüchten konnten, fünf aus Fukuoka stammten, lag an eben diesen Zuständen vor Ort.

Tabelle 1, Wohnraum pro Person in den Lagern[26]

	Interniertenzahl	Gesamtfläche in m²	Wohnfläche in den Baracken in m²	Wohnraum pro Person in m²
Aonogahara	490	22.680	2.446	5,0
Bando	1.028	57.000	4.861	4,7
Kurume	1.136	25.000 bis 29.000	3.400	3,0
Nagoya	509	40.000	1.500	2,9
Narashino	918	95.000	8.000	ca. 8,7
Ninoshima	545	16.000	3.500	6,4
Gesamt	4.626			

Wells bereist im Dezember des gleichen Jahres noch einmal die vier Lager, in denen die Zustände besonders schlecht gewesen waren. Das Lager in Fukuoka war bereits verlegt worden und in Shizuoka und Osaka verwendete man zusätzlich angrenzende freie Flächen. Im Fall Kurume wurde aber auch nach mehreren Nachbesserungen auf die Überbelegung und die aus der Enge resultierenden physischen wie psychischen Folgen hingewiesen.

Kriegsgefangenenlager Matsuyama

Kriegsgefangenenlager Bando im Aufbau

Dieser Zustand soll bis zur Schließung des Lagers angehalten haben. Der ausschlaggebende Grund dafür war wohl nicht nur das Unverständnis der Lagerleitung, sondern dass

---

[26] Nachweis der Zahlenangaben im japanischen Original: Interniertenzahlen wurden dem „Bericht von 1918" 「大正 7 年雑書編冊」 (*taishō 7 nen zassho hensatsu*) des wachhabenden Polizeiamtes entnommen. Restliche Zahlen erstellt aus den Angaben zum Lager in der Übersetzung von RÜFER/RUNGAS (siehe Literaturverzeichnis im Anhang).

der Hauptteil der japanischen Streitkräfte im Kampf um Tsingtau aus der 18. Division der Stadt Kurume stammte. Die Zahl der Soldaten, die innerhalb der japanischen Armee in diesem Kampf verletzt wurden, beläuft sich auf 1.850 (davon 396 Tote), wovon die meisten aus der Gegend Kurume stammten.

Auf deutscher Seite betrug die Zahl der Verletzten ca. 700, davon 191 Tote. Unabhängig von der nationalen Politik Japans waren die deutschen Soldaten für die Bewohner aus der Nachbarschaft schlicht verhasste Feinde. Aufgrund dieser feindseligen Stimmung beschimpfte man die Soldaten bei den Verlegungen innerhalb Japans in der Stadt Moji (Präfektur Fukuoka), während sie sonst aber an jedem Bahnhof mit kleinen japanischen und deutschen Fähnchen begrüßt wurden. Dieser Hintergrund sorgte auch für eine strenge Lagerführung, in der anmaßendes Verhalten, wiederholter Widerstand oder Fluchtversuche der Deutschen nur mehr Strenge hervorriefen. Dass es in den Lagern Kumamoto oder Oita, die sich ebenfalls beide auf Kyushu befinden, kaum zu Problemen kam, lag daran, dass dieses Gebiete einer anderen Division waren.

Nach den Hinweisen der Amerikaner wurden die anderen Lager auf der Grundlage von Wells Bericht nachgebessert. In den drei Lagern auf Shikoku wurden über die engen Wohnverhältnisse Untersuchungen angestellt und eine Zusammenlegung nach Bando veranlasst. Bando war zusammen mit Narashino und Aonogahara zu Modelllagern geworden, mit denen die japanische Regierung die Einhaltung von internationalen Abkommen beweisen wollte. Daher war es auch nur folgerichtig, dass man Matsue, der von Wells für seine Führungsfähigkeiten hochgelobt wurde, als Lagerleiter auswählte.

Kriegsgefangenlager Marugame

Laut dem erwähnten Handbuch der Kriegsgefangenenpost war unter den Gefangenen nicht nur der Ruf Bandos gut. Auch in Nagoya bemühte sich der Lagerleiter um die Belange der Gefangenen, die in einer nahe gelegenen Fabrik mitunter für acht Stunden zur Arbeit gingen, auf freien Flächen Felder und einige Ställe errichteten und Spaß bei

Sport und Musik hatten. Es soll sogar eine handgefertigte Pfeifenorgel gegeben haben. In Narashino gab es ein ausgefülltes Sportleben und in Aonogahara standen 10.000m² für Ackerbau und Viehzucht zur Verfügung.

In Kurume gab es ebenfalls Sporteinrichtungen, und auch künstlerisch betätigte man sich sehr aktiv. Im Gegensatz zu Bando lebten dort allerdings mehr Internierte auf gerade einmal der Hälfte der Fläche, sodass nicht einmal Platz für ausreichende Spaziergänge vorhanden war. Die beengte Fläche, die im Lager für Spaziergänge zur Verfügung stand, wurde in der Vorstellung der Offiziere jeweils ein Abschnitt innerhalb einer imaginären Strecke, die über Sibirien in ihre Heimat Deutschland und dann wieder nach Japan führte. Jedes Mal, wenn beim Spaziergang die Distanz zum Ziel auf der imaginären Karte kürzer wurde, herrschte große Aufregung im ganzen Lager. Dies ist eines der Beispiele, wie die Deutschen mit ihrem ausgezeichneten Naturell schlechte Bedingungen in einen Ausdruck unerschütterlichen Willens umwandelten.

Im Vergleich dazu war Bando geradezu ein ideales Lager. Die Zimmer waren recht eng und kleine Auseinandersetzungen mit der Wachmannschaft blieben ebenfalls nicht aus, aber es gab im Lager eine Ladenstraße Tapatau, die ihren chinesischen Namen aus Tsingtauzeiten erhalten hatte und in der sich 80 Geschäfte aufreihten, dazu einen Bäcker und eine Kneipe. Darüber hinaus wurden noch eine Kegelbahn und öffentliche Bäder eröffnet. Man durfte sogar kleine private Sommerlauben besitzen, die schon im Lager Tokushima erlaubt waren. Die Sommerlauben wurden in die Gebiete Bando-Ost und Bando-West eingeteilt, für die jeweils ein Bürgerrat entstand und Bürgermeisterwahlen abgehalten wurden.

Die deutschen Soldaten beim Überqueren des Yoshinogawa Flusses

Es ist bereits erwähnt worden, dass diese Freiheiten, zu denen auch der Druck von Zeitungen sowie künstlerische und sportliche Aktivitäten gehörten, nicht nur auf das Lager Bando beschränkt waren. Der Grad, bis zu dem solche Aktivitäten erlaubt waren, überstieg andere Lager aber bei Weitem. Dies galt auch für die von den Deutschen gegebenen Unterweisungen in den verschiedensten Handwerken sowie Musik, die zum Austausch mit den Bürgern führten. Ermunterungen zu Unterweisungen auf dem Gebiet der Industrie entsprachen auch dem politischen Ziel der Regierung, Japan zu einem fortschrittlichen Staat zu entwickeln. Diese Richtlinie und die Einstellung der Deutschen, Zeit nicht sinnlos zu vergeuden, sowie der Stolz, Teil einer hoch entwickelten Kultur zu sein, und dazu noch die offene Haltung der Japaner gegenüber dem Neuen und Unbekannten sorgten für einen aktiven Austausch.

Wahlen zum Bürgermeister

Aber das war noch nicht alles. Dass diese Art von Unterweisungen und Austausch mit Leben gefüllt wurden, lag sicherlich an der klaren Haltung des Lagerleiters Matsue, der die Gefangenen menschenwürdig behandelte. Die Gefangenen aus Matsuyama trafen von Bajonetten umringt in Bando ein. Sie freuten sich darüber, alte Freunde aus Tokushima und Marugame wiederzusehen, wurden aber von der Wachmannschaft rigoros ruhig gehalten. Matsue ging dazwischen, hielt den aus Matsuyama mitgekommenen Oberstleutnant Maekawa zurück, löste die Umlagerung auf, entschuldigte sich für diese Unhöflichkeit und hieß die Gefangenen willkommen. Was hat Matsue wohl zu dieser Haltung bewogen?

Alltag in der Baracke

2. Lagerleiter Toyohisa Matsues Einstellung zur Führung des Lagers

Anlässlich der Eröffnung des Lagers in Tokushima im Dezember 1914 wurde dem Gouverneur vom Innenministerium folgendes Schreiben übermittelt.

„Da sie [die Soldaten] ursprünglich für ihr Vaterland kämpften und gezwungenermaßen zu Kriegsgefangenen wurden, soll genügend Verständnis für ihre Lage aufgebracht werden. Es soll ausreichend darauf geachtet werden, dass die Bürger sich nicht grundlos um sie versammeln und sie anstarren, noch soll eine belustigende Haltung eingenommen oder ein Gefühl von Unbehagen vermittelt werden".

So ungefähr lautet der zum besseren Verständnis hier vereinfachte Text. Er ist auf Januar 1905 datiert, was bedeutet, dass man den zum Japanisch-Russischen Krieg veröffentlichten Text so übernommen hatte. Wie bereits erwähnt, war dies die grundsätzliche Haltung Japans seit Beginn der Meiji-Regierung, welche auf die Einhaltung der internationalen Verträge achtete. Das von Lagerleiter Matsue mehrfach geäußerte gedankliche Konzept: „Sie haben für ihr Vaterland bis zuletzt und unter Aufwendung aller Anstrengungen gekämpft und sind erst dann zu Kriegsgefangenen geworden" gehörte zum Allgemeinverständnis der Lagerverwaltungen zu jener Zeit. Nur in welchem Ausmaß dieses Verständnis in Umlauf kam und man sich dieses zu eigen machte und inwiefern man davon wirklich Gebrauch machte, steht wiederum auf einem anderen Blatt.

Lagerleiter Toyohisa Matsue

In Japan, wo die traditionelle Denkweise, lebendig gefangen genommen zu werden sei eine nicht annehmbare Schande, stark verwurzelt war und es sogar zum kulturellen Brauch gehörte, dass eine einmal gefangen genommene Person nicht wieder lebend in ihre Heimat zurückkehren kann, wird das westliche Verständnis „Kriegsgefangenschaft ist auch eine Form des Dienstes" schwer nachvollziehbar gewesen sein. Da im Land diese Stimmung noch vorherrschend war, ließ die Regierung eigens den oben erwähnten Erlass herausgeben.

In diesem Zusammenhang betrachtet, muss man Matsue, der die Rechte der Gefangenen von sich aus aktiv achtete, zum damaligen Zeitpunkt als einen fortschrittlichen Humanisten bezeichnen. Sein ältester Sohn Tomohisa spricht über seinen Vater: „Mehr als die heutige Bezeichnung ´Humanist´ kommt die Beschreibung ´Barmherzigkeit eines Kriegers´ der Sache näher". Es mag etwas altertümlich erscheinen, aber Matsue war ein äußerst gewissenhafter Soldat, der den Spruch „auch dem Feinde Respekt erweisen" zu seiner Überzeugung machte.

Eine Ursache dieser Überzeugung ist seine Abstammung aus der Provinz Aizu [27], die zu Zeiten der Meiji-Restauration als abtrünnige Provinz tyrannisiert wurde [28]. Um darüber Näheres zu erfahren, soll das Testament von Goro Shiba aus Aizu angeführt werden, der es schaffte in den Rang eines Generals des Heeres aufzusteigen, obwohl dieses fast ausschließlich aus Männern der Provinz Choshu[29] bestand. Shiba schrieb mit 80 Jahren in seinem Testament, dass man unbedingt den Hass der Provinz Aizu und der späteren Provinz Tonami[30], in die man nach der Niederwerfung Aizus umgesiedelt wurde, schriftlich festhalten muss. Im Kern beklagt Shiba „wenn es doch nur Mitgefühl von Siegern gegenüber Besiegten geben würde". Wie tief der Hass verwurzelt war, zeigt sich durch den Umstand, dass die Menschen aus Aizu sich für lange Zeit ruhig verhielten und dann, als die Satsuma-Rebellion[31] ausbrach, dies für eine günstige Gelegenheit als „Tag der Revanche für

Ansprache im Lager durch den stellvertretenden Lagerleiter Takagi

---

27   Aizu 会津. Gebiet im Westen der Präfektur Fukushima 福島県 (*fukushima ken*).
28   Meiji Restauration. Bezeichnet den politischen Umbruch im Jahr 1868, den Beginn einer neuen Regierungsform und den Beginn der Modernisierung Japans. Einige Provinzen, darunter auch die Provinz Aizu, lehnten sich gegen diese Umbrüche auf und kämpften für die Erhaltung des traditionellen Ständé-Systems mit seiner Kriegerkaste, den Samurai.
29   Die Provinz Choshu 長州 (*chōshū*) liegt auf dem Gebiet der heutigen Präfektur Yamaguchi im Westen der Insel Honshu.
30   Tonami 斗南 auf der Shimokita-Halbinsel 下北半島 (*shimokita hantō*) befindet sich im nördlichsten Teil der Insel Honshu in der Präfektur Aomori 青森県 (*aomori ken*).
31   Revolte der Samurai der Provinz Satsuma 薩摩 (heute Präfektur Kagoshima 鹿児島) gegen die japanische Armee 1877.

zu" oder auch für „die Eroberung der Kartoffeln"³² hielten und zur Teilnahme am Krieg aufsprangen. Diese Erinnerungen trieben Matsue vermutlich zu einer großen Anteilnahme gegenüber den Besiegten.

Darüber hinaus sind Matsues Erfahrungen in Korea möglicherweise ein weiterer Grund für seine Einstellung. Matsue war im Jahre der Annexion Koreas (1910) zweiter Adjutant des Generals und Befehlshabers über die in Korea stationierten Truppen, Yoshimichi Hasegawa. Nach dem Ersten Japanisch-Koreanischen Abkommen 1904 beraubte Japan gewaltsam Korea seiner Souveränität, zwang seinen Kaiser zum Abtritt und trieb es zur Angliederung an Japan. Matsue war mit dem gleichen Posten von September 1904 zu Zeiten der Auflösung der koreanischen Armee bis zum daraufhin ausgelösten Aufstand der Armee der Rechtschaffenen im Oktober 1907 betraut. Als zweiter Adjutant des Oberbefehlshabers war er zudem fast immer bei den rücksichtslosen Maßnahmen Hirobumi Itos³³ als dessen Leibwächter anwesend.

Es gibt leider keine Möglichkeit mehr herauszufinden, wie Matsue diese Situationen aufgenommen hat. Er ist allerdings ein Jahr früher als der Befehlshaber Hasegawa nach Japan zurückgekehrt und über Hamamatsu, Sapporo und Asahikawa³⁴ 1914 nach Tokushima gekommen. In Hamamatsu bzw. Tokushima wurde er nur als „Angehöriger des Regiments" geführt, was einem unbedeutenden Soldaten mit wenigen Befugnissen gleichkommt. Als Grund wird seine Einstellung „sollte es der Gerechtigkeit entsprechen, so leiste ich auch Vorgesetzten nicht Folge" genannt. Da das Lager in Tokushima zum Ende des gleichen Jahres eröffnet wurde, ging der Posten des Leiters somit wohl zufällig an Matsue.

Lageroffiziere und Dolmetscher

---

32 Diese Bezeichnung steht sinnbildlich für Satsuma, da dies ein berühmtes Anbaugebiet für Süßkartoffeln ist, die sog. Satsuma-imo.
33 Siehe FN 18.
34 Hamamatsu 浜松 liegt in der Präfektur Shizuoka 静岡県 (*shizuoka ken*); Sapporo 札幌 und Asahikawa 旭川 befinden sich auf der Insel Hokkaido 北海道.

Gerade jedoch weil Matsue mehrfach solche harten Erfahrungen gemacht hatte, übernahm er voller Eifer den Posten des Leiters in den zwei Lagern Tokushima und Bando und war auch in der Lage, gegen Warnungen und Kritik des Kriegsministeriums, wie „er sei gegenüber den Gefangenen zu weich", seine Überzeugung, auch Besiegte freundlich zu behandeln, durchzusetzen. Diese Haltung unterstützte vor allem der ausgezeichnet Deutsch sprechende stellvertretende Lagerleiter Hauptmann Takagi. Die anderen japanischen Offiziere und Mannschaften unterstützten diese ebenfalls mit vereinten Kräften. Die Anwohner aus Bando und Tokushima begegneten – wohl auch aus einer gewissen Neugierde heraus – den „Doitsu-san"[35] mit freundlichen Blicken. Von soviel Fürsorge umgeben, war eine reibungslose Lagerführung möglich. Im Folgenden sollen nun konkret die verschiedenen Aktivitäten der Gefangenen sowie Tatsachen über das Lager Bando im Einzelnen dargestellt werden.

---

[35] Doitsu-san (jap.: ドイツさん), wörtl.: „Herr Deutscher". Höfliche Anrede der Deutschen im Japanischen.

III. Tatsachen über Bando

1. Die Struktur der Kriegsgefangenen: Zusammensetzung der Einheit, Herkunft, Berufe

1.1. Zusammensetzung der Einheit[36]

Im Band I der Zeitung *Die Baracke* ist eine mit „Herbst" betitelte Lagerplauderei enthalten. Darin heißt es, dass, wenn der Sommer endet und es zum angenehm kühlen Herbst übergeht, die Kleidung von allen äußerst bunt zusammengewürfelt erscheint. Allein die Farben der Jacken waren mannigfaltig: weiß, kakifarben, marineblau, grau usw. Die Mützen waren ebenfalls bunt gemischt, von denen des Heeres bis zu denen der Marine. Der Grund dafür liegt darin, dass die Gefangenen vielen verschiedenen Einheiten angehörten.

Die Verteidigungseinheit in Tsingtau war bereits aus mehreren Truppenteilen zusammengestellt worden. Den Kern bildete das dritte Seebataillon (III. S.B.), welches aufgestellt worden war, als Deutschland die Kiautschoubucht von China als Pachtgebiet übernahm. Später wurde dazu noch das Matrosen-Artillerie-Detachement Kiautschou (auch 5. Marineartillerie genannt, abgek. M.A.K.) entsandt. Ferner beteiligte sich das Ostasiatische Marinedetachement, welches mit der Bewachung Pekings und des Gebietes um Tientsin betraut war, an den Kämpfen. Dass die Einheit hauptsächlich aus Marinesoldaten bestand, erklärt sich daher, dass der Marineminister einen Marineoffizier zum Generalgouverneur des Tsingtau umfassenden Gebietes der Kiaotschoubucht ernannt hatte.

Es heißt, dass von diesen deutschen Soldaten ungefähr 30% einberufene und freiwillige Soldaten aus Japan und China kamen. Die Zahlen darüber, wie viele deutsche Soldaten in Tsingtau waren, variieren zwar je nach Unterlagen, aber aus dem durch die Zentrale der deutschen Marine erstellten Buch „Kriegsgeschichte der Marine" liegt eine von japanischer Seite angefertigte Teilübersetzung „Kriegsgeschichte Tsingtaus" (1921) vor. Diesem zufolge bestanden die Verteidigungsstreitkräfte Tsingtaus aus insgesamt 4.920 Mann, wovon 3.391 aktive Soldaten die Hauptkraft stellten und zusätzlich aus ganz Asien noch

---

[36] Zu den Übersetzungen der militärischen Bezeichnungen vgl. „Deutsche Kriegsgefangene aus Tsingtau in japanischen Internierungslagern. Forschungsbericht Nr. 3", Sept. 2005, S. 17ff.

1.529 Mann als Reserve der Landwehr und des Landsturms einberufen wurden bzw. sich freiwillig meldeten. Diese stellten rund 31% der gesamten Truppenstärke dar und wurden auf verschiedene Posten verteilt.

Im damaligen Deutschland war man von 20 bis 22 Jahren aktiver Soldat, danach zwischen 23 und 26 Jahren Reservist und von 27 bis 38 Jahren gehörte man zur Landwehr. Daneben gab es zwischen 20 bis 31 Jahren die Ersatzreserve, die je nach Bedarf der Reihe nach einberufen wurde. Den jeweiligen Bedingungen angepasst wurden natürlich auch Personen, die außerhalb dieses Rahmens lagen, also jünger als 20 und älter als 39 Jahre alt waren, einberufen. Diese meldeten sich aber größtenteils freiwillig und wurden Landsturm genannt. In Bando lebten auch Soldaten, die 16, 17 bzw. 48, 49 Jahre alt waren und somit wohl zu der letzt genannten Gruppe gehörten.

Für die jüngere Generation werden die militärischen Ränge etwas schwer verständlich sein, weshalb diese hier kurz erklärt werden sollen. Die Offiziersränge des Heeres und der Marine sind in fast jedem Land auf der Welt auf die gleiche Weise unterteilt. Die Ränge der Generäle bzw. Admiräle sind absteigend General – Generalleutnant – Generalmajor bzw. Admiral – Vizeadmiral – Konteradmiral; die Ränge der Stabsoffiziere sind Oberst – Oberstleutnant – Major bzw. Kapitän zur See – Fregattenkapitän – Korvettenkapitän und die der weiteren Offiziere Hauptmann – Oberleutnant – Leutnant bzw. Kapitänleutnant – Oberleutnant zur See – Leutnant zur See. Generalfeldmarschall bzw. Großadmiral war eine Bezeichnung für Personen, die sich in den Generals- bzw. Admiralsrängen sehr verdient gemacht hatten und im Rat der Generalfeldmarschälle und Großadmiräle saßen.

In der alten japanischen Armee gab es Unteroffiziersränge, die Hauptfeldwebel, Feldwebel und Hauptgefreiter genannt wurden. In Deutschland wurde besonders dem Rang des Feldwebels große Beachtung geschenkt, der nach einer bestimmten Zahl an Dienstjahren Deckoffizier genannt wurde. Dieser war im Rang direkt unter den Offizieren und es war ihm erlaubt, einen Offizierssäbel zu tragen. Er wurde den Offizieren nahezu gleichgestellt behandelt und in Bando mit in die Offiziersbaracken einquartiert. Die niedrigeren Ränge vom Unteroffizier bis zum einfachen Soldaten sind in Tabelle 2 zusammengefasst.

Wie eingangs erwähnt, wurde das Lager Bando im April 1917 eröffnet. Anfangs lebten dort 206 Personen aus Tokushima, 333 aus Marugame und 414 aus Matsuyama, was eine Gesamtzahl von 953 Personen macht. Im Mai des folgenden Jahres kam Geheimrat Günther aus Tsingtao nach Bando und im August kamen weitere 90 Personen aus Kurume hinzu, woraus sich eigentlich eine Gesamtzahl von 1.044 ergeben sollte. Da aber bereits 13 Personen nach Italien zurückgekehrt und sechs Soldaten wie beispielsweise Hellmuth und Gomille verstorben waren, beläuft sich die endgültige Zahl auf 1.025.

Tabelle 2, Dienstgrade der Marine bis zum Deckoffizier

	Matrosendivision	Matrosenartillerie	Seebataillon
Deckoffiziere	Oberbootsmann	Feldwebel	Feldwebel
	Bootsmann	Vizefeldwebel	Vizefeldwebel
Unteroffiziere	Oberbootsmannsmaat	Oberartilleristenmaat	Sergeant
	Bootsmannsmaat	Artilleristenmaat	Unteroffizier
Mannschaften	Obermatrose	Oberartillerist	Gefreiter
	Matrose	Artillerist	Gemeiner

Darunter gab es 15 Personen, die u. a. Zivilbeamte waren. Abgesehen von den sechs Zivilgefangenen, inklusive Geheimrat Günther, gehörten neun Personen dem Militär an und wurden dementsprechend wie die anderen Soldaten behandelt. Die Gesamtzahl der Soldaten im Lager betrug also 1.019. Nahezu alle nachfolgenden Statistiken haben diese Zahl zur Grundlage. Offiziere und Deckoffiziere, die ca. 10 % der Gefangenen bildeten, bezogen die Offiziersquartiere, die restlichen 90 %, bestehend aus Unteroffizieren und einfachen Soldaten, lebten in den acht Baracken. Die neun Zivilisten wurden in einem anderen Gebäude untergebracht.

Aktive Soldaten stellten mit 563 Personen mehr als 55 % der Lagerbevölkerung, der Rest inklusive der Soldaten der Reserve mit 456 Personen knapp 45 %. Wie aus Tabelle 3 hervorgeht, waren 760 Personen dem III. Seebataillon (III. S.B.) zugehörig, welche mit den 214 Mann aus der Matrosenartillerie Kiautschou (M.A.K.) die überwiegende Mehrheit stellten. 45 Personen gehörten anderen Einheiten an. Dieses Bataillon und die Artillerie stellten die Grundlage für den Aufbau der Orchester, die großen Kompanien formierten unter ihren Namen u. a. Fußballmannschaften.

Tabelle 3, Kompanien inkl. Personenzahlen in Bando

III. Seebataillon (III. S.B.)	760	
	Kompanie I	11
	Kompanie II	152
	Kompanie III	11
	Kompanie IV	64
	Kompanie V	74
	Kompanie VI	202
	Kompanie VII	147
	Pionierkompanie	67
	Marinefeldbatterie/ Reservebatterie	32
Matrosenartillerie Kiautschou (M.A.K)	214	
	Kompanie I	22
	Kompanie II	4
	Kompanie III	103
	Kompanie IV	35
	Kompanie V	50
Marinekompanie	7	
Landsturm	8	
Ostasiatisches Marine-Detachement	3	
Artilleriedepot/ Fortikfikation	27	
Gesamt	1019	

(aus: *Baracke*, Band III, Nr. 20 „Wir Bandoer")

Ein Blick auf das Alter der Soldaten bei Kriegseintritt verrät, dass 19 Personen in den 40ern, 242 Personen in den 30ern sowie 731 Personen in den 20ern waren. Fügt man noch die 16, 17 und 18jährigen hinzu, erfährt man, dass 27 Personen unter 20 Jahren am Krieg teilgenommen haben. Es fällt auf, dass Personen von im jüngsten Fall 16 Jahren bis hin zum Alter von über 40 Jahren zur Verteidigung Tsingtaus gerufen wurden. Aufzeichnungen zu den ganz jungen Soldaten sind allerdings kaum vorhanden.

1.2. Herkunft

In Band III der *Baracke* findet sich eine ausführliche Aufzeichnung zu den Heimatorten der Gefangenen aus Bando. Eine Übersicht ist unten als Skizze (Abb. 2) einzusehen. Die meisten Gefangenen stammten aus Preußen und nehmen mit 600 Personen rund 59% ein. Danach kommt Sachsen mit 71 Personen, dann die Freie Stadt Hamburg mit 66 Personen und Bayern mit 53 Personen.

Darüber hinaus waren fast alle Gebiete Deutschlands vertreten. Für einen Zeitraum von zwei Monaten lebten auch Italiener, die der österreich-ungarischen Armee angehörten, im Lager. Ferner reisten Personen aus Elsass-Lothringen, dessen Grenze sich im Vertrag von Versailles verändert hatte, aus Nordschleswig sowie aus Polen, Ost- und Westpreußen und aus Belgien vor den anderen Deutschen nach Hause.

1.3. Berufe

Laut dem Abschnitt „Wir Bandoer" aus der *Baracke*, Band III gab es unter den aktiven Soldaten in Bando viele Handwerker. Um die 1.500 Mann (32%) haben sich als einberufene oder freiwillige Soldaten von China und Japan aus am Krieg beteiligt. Diejenigen aus China waren Personen, die in Tsingtau – welches im Wesentlichen die erste deutsche Kolonie in Asien darstellte – ein Unternehmen gegründet hatten, in irgendeiner Weise für die auf der Halbinsel Schantung aufgebaute Kiautschou-Eisenbahn arbeiteten oder Berufe ausübten, die das Leben der dort ansässigen Personen unterstützten. In Tsingtau sind heute noch Gebäude im westlichen Stil von damals erhalten und das von den Deutschen hinterlassene Tsingtau-Bier wird dort ebenfalls noch hergestellt.

Bei den Kriegsteilnehmern aus Japan verhielt es sich ähnlich. Viele von ihnen waren nach Japan geschickt worden, um besonders die fortschrittliche deutsche Technik vorzustellen und den Handel anzutreiben. Nicht wenige hatten u. a. in Kobe oder Yokohama ein Geschäft für japanische Kundschaft eröffnet.

Tabelle 4 ist eine Übersicht zu den Berufen der Kriegsgefangenen Bandos, bevor diese Soldaten wurden. 99 Personen und damit weniger als zehn Prozent waren Berufssoldaten. Land- und Forstwirte waren mit 57 Personen (5,6%) ebenfalls recht gering vertreten.

Abb. 2, Herkunftsorte der Gefangenen aus Bando

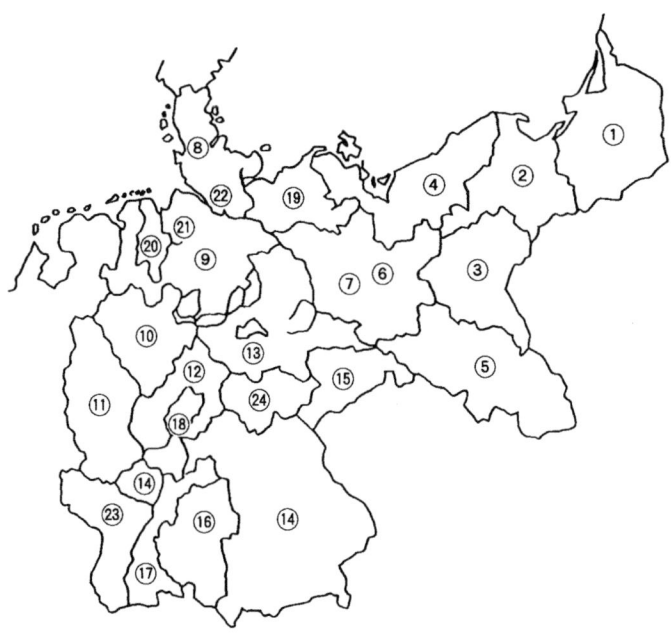

(1) Provinzen des preußischen Königreiches

1) Ostpreußen	34 Personen
2) Westpreußen	20
3) Posen	15
4) Pommern	27
5) Schlesien	65
6) Brandenburg	25
7) Stadt Berlin	34
8) Schleswig-Holstein	55
9) Hannover	62
10) Westfalen	65
11) Rheinprovinz	125
12) Hessen-Nassau	35
13) Sachsen	38
(Gesamt	600)

(2) restliche Gebiete

14) Königreich Bayern (inkl. der Pfalz)	53 Personen
15) Königreich Sachsen	71
16) Königreich Württemberg	22
17) Großherzogtum Baden	30
18) Großherzogtum Hessen	25
19) Großherzogtum Mecklenburg-Schwerin	9
20) Großherzogtum Oldenburg	10
21) Freie Stadt Bremen	27
22) Freie Stadt Hamburg	66
23) Reichsland Elsass-Lothringen	30
24) Thuringen (acht Herzog-/Fürstentümer)	40
sonstige	36
insgesamt	1.019

Tabelle 4, Übersicht der Berufe der Gefangenen aus Bando vor Eintritt in die Armee

1) Arbeiter	49			
2) verschiedene Gewerbe	515			
		Maschinenwesen und Metallbearbeitung	148	
			Schlosser	52
			Schmiede	12
			Klempner	11
			sonstige	73
		Nahrung, Kleidung und andere Lebensbedürfnisse	97	
			Konditoren und Bäcker	17
			Schlachter	13
			Köche	7
			Bierbrauer	5
			Schuster	9
			Schneider	4
			Frisöre	4
			Apotheker	2
			Drogisten	2
			Edelsteinschleifer	1
			Uhrenmacher, Goldschmiede usw.	33
		Bauwesen und Hilfsberufe	96	
			Tischler	22
			Zimmerleute	10
			sonstige	64
		Land- und Forstwirtschaft	57	
			Landwirte	30
			Gärtner	13
			sonstige	14
		Verkehrswesen und Schifffahrt	45	
			Post, Eisenbahn, Telegraphie	18
			Schifffahrt	27
		Bedienung	36	
			Kellner	16
			Hausdiener	3

			Chauffeure	8
			Kutscher	9
		Tiefbau, Bergbau, Vermessungswesen	26	
			Bergleute	19
			Tiefbauingenieure	3
			Vermessungstechniker	4
		Buchgewerbe	10	
			Buchdrucker	4
			Papiermacher	1
			Schriftsetzer	1
			Steindrucker	1
			Buchbinder	1
			Buchhändler	2
3) Kaufleute	303			
4) Armee und Marine	99			
		Offiziere	17	
		Deckoffiziere und Feldwebel	20	
		Unteroffiziere	58	
		Waffenmeister	4	
5) Freie Berufe	32			
		Juristen	6	
		Lehrberufe	14	
		Missionare	8	
		sonstige	4	
6) Verwaltung	21			
insgesamt	1.02			

(aus: Baracke Band III, Nr. 20 „Wir Bandoer")

Inklusive der Fabrikarbeiter nahmen die Handwerker mit 40% den größten Teil ein und bildeten für die vielfältigen Aktivitäten in Bando eine große Stütze. Es gab auch zahlreiche Personen mit Erfahrungen in den Bereichen Post, Telegrafie und Druckerei. Dass beispielsweise neben dem Teich eine kleine Werft entstand und man dort Boote zu Wasser ließ, war nur aufgrund des vorhandenen technischen Wissens möglich.

Segeln auf dem Lagerteich

2. Die finanzielle Lage und das Unterstützungssystem

2.1. Finanzielle Lage

Gemäß den oben erwähnten internationalen Abkommen und japanischen Bestimmungen sollte den Offizieren und Deckoffizieren Sold in der Höhe, wie ihn japanische Offiziere gleichen Ranges erhielten, ausgezahlt werden. Tatsächlich aber scheint es Abzüge gegeben zu haben. Von dem Geld, welches bar ausgezahlt wurde, bestritt man die Kosten für Kleidung und Essen. Dass eine Küche gesondert für die Offiziere gebaut wurde, geschah nicht bloß durch die unterschiedliche Behandlung der Ränge, sondern auch weil diese dementsprechend bezahlt wurden.

Die in den Baracken lebenden Unteroffiziere und einfachen Soldaten wurden ebenfalls wie japanische Soldaten behandelt. Allerdings erhielten diese keine Barzahlungen, sondern wurden mit Lebensmitteln, Kleidung und Bettzeug usw. ausgestattet. Führt man das Beispiel Essen an, so wurden jedem dieser Soldaten Zutaten im Gegenwert von täglich 25 bis 30 Sen[37] zugeteilt, welche die Soldaten dann in wechselnden Schichten gegenseitig zubereiteten. Solcherlei Kosten sollten von der Regierung des Landes, das die Kriegsgefangenen in Verwahrung hielt, für die Zeit der Kriegsgefangenenschaft ausgelegt und ihr nach Kriegsende erstattet werden. Nach dem Friedensvertrag von Versailles wurde so ein Ausgleich aber nicht durchgeführt.

---

[37] Sen ist die ehemalige Untereinheit des Yen. 100 Sen sind ein Yen.

Tabelle 5, Einnahmen im Lager Bando im Jahr 1918

Art der Überweisung	Anzahl	Betrag in Yen
Geldbriefe	1.389	170.973,08
Postüberweisungen	3.483	170.987,90
Banküberweisungen	35	5.248,99
telegr. Banküberweisug	16	2.609,27
Summe (A)	4.923	349.819,24
aus Japan	1.474	101.927,89
aus dem Ausland	3.449	247.891,35
Unterstützungsgeld (B)		41.029,49

In Nummer 22 des Bandes III der *Baracke* werden die Einnahmen der Lagerkasse von Bando für ein Jahr aufgeführt (Tabelle 5). Demnach gab es ca. 1.500 Geldsendungen aus dem Inland mit einer Gesamtsumme von mehr als 100.000 Yen. Dieses Geld setzte sich hauptsächlich aus dem Gehalt der Personen, die vor der Einberufung in Japan angestellt gewesen waren, und Geldspenden innerhalb Japans, auf die später noch eingegangen wird, zusammen. Die Summe der Geldsendungen aus dem Ausland belief sich auf eine Zahl von ca. 3.500 und einen Betrag von knapp 250.000 Yen. Auch hier setzte sich der Hauptteil aus Gehältern der Arbeitsstätten vor der Einberufung zusammen. Vom Zahlmeister des Lagers wird noch eine weitere Einnahme aufgeführt. Es handelt sich dabei um Unterstützungsgelder, die aus dem Inland kamen und sich auf ungefähr 41.000 Yen belaufen. Insgesamt erhielt man jedes Jahr etwas mehr als 390.000 Yen.

Da die Angaben solcher Beträge etwas schwer einzuordnen sind, sollen an dieser Stelle zum Vergleich Warenpreise und der allgemeine Geldwert zur damaligen Zeit angeführt werden. Von der Zeitung Asahi Shimbun ist eine Zeittafel zur Preisgeschichte herausgebracht worden, aus der einige Jahre der Meiji- (1868-1912), Taisho- (1912-1926) und Showa-Zeit (1926-1989) beispielhaft herausgenommen und Löhne sowie Warenpreise verglichen werden sollen. Bei einem Blick auf die Hauptnahrungsmittel für den Zeitraum 1918 bis 1919 erfährt man, dass z. B. zehn Kilogramm Reis ungefähr vier Yen und zehn Kilogramm Weizenmehl ungefähr einen Yen 50 Sen kosteten. Zur damaligen Zeit zählte Reis zu den Luxusgütern und gelangte dementsprechend wohl kaum auf die Tische des einfachen Volkes. Im Vergleich zu damals kostet Reis heutzutage ca. das 1000fache und Weizenmehl ebenfalls etwas mehr als das 1000fache. Das monatliche Anfangsgehalt eines Polizisten oder Grundschullehrers belief sich im Jahre 1919 auf 20 Yen und verdoppelte sich im folgenden Jahr auf 40 Yen. Heutzutage liegt das Anfangsgehalt aus dieser Berufssparte bei rund 200.000 Yen und entspricht damit dem 5000fachen. Vergleicht man weitere relevante Warenpreise, so ist heutzutage grundsätzlich von dem 3000 bis 4000fachen der damaligen Preise auszugehen. Damit entsprächen die im Lager vorhandenen 390.000 Yen heute ca. 1,2 bis 1,5 Mrd. Yen[38]. Davon sind knapp 1.500 Yen ins Ausland geschickt worden und ca. 37.000 Yen lagen auf einem Postkonto, sodass ein Rest von ca. 350.000 Yen bleibt. Da jedes Jahr Bargeld in dieser Höhe die Gefangenen erreichte, kann man trotz der Unterschiede zwischen Arm und Reich grundsätzlich sagen, dass ein ausreichend gesichertes Leben gewährleistet war. Für die regen kulturellen und sportlichen Aktivitäten, auf die im Folgenden noch eingegangen wird, war dieser finanzielle Rahmen eine wichtige Voraussetzung.

Die gerade für diese ländliche Gegend beträchtlichen Geldmittel wurden auch für Einkäufe in der Umgebung eingesetzt. Darüber hinaus zahlte das Lager jedes Jahr rund 100.000 Yen an Lebensmittelkosten für die Ränge unterhalb des Unteroffiziers, die 90% der Inhaftierten ausmachten. Diese Waren wurden fast ausschließlich von japanischen Händlern, denen der Zutritt ins Lager erlaubt war, beschafft, was sich auf die Wirtschaft der Region positiv ausgewirkt haben dürfte.

2.2. Das Unterstützungssystem

In der *Baracke* aus dem Jahr 1919 ist zweimal ein Eintrag über Spenden zu finden. Einer davon über den Hilfsausschuss Tokyo, geschrieben von A. Kestner in der Nummer 14 vom 5. Januar, in dem über die Art und den Einsatz der Spenden berichtet wird, und einer in der Nummer 26 vom 30. März, in dem die Verwendung der Spenden für das Jahr 1918 detailliert aufgelistet wird (Tabelle 6).

---

[38] Der Umtauschkurs ist im Verhältnis von 1 Euro:128 Yen (Stand April 2009). 1,2 Mrd. Yen entsprechen somit ca. 9,4 Mio Euro.

Tabelle 6, Verwendungsnachweis über die Spenden an das Lager Bando im Rechnungsjahr 1918 (April 1918 bis März 1919)

I. Ausgaben für das Lager Bando – entstanden im Lager selbst –		
A. für Ernährung		
1) Gemüse, Zutaten, Gewürze	Yen 5424,92	
2) Fleisch und Würstchen	2889,35	
3) Milch, Mehl, Reis	391,71	
4) Schmalz, Speck	1500,98	
5) Fische	121,77	
6) Ankauf von Schweinen f. Aufzucht einschließl. Ferkel u. Futtergeräte	391,78	
7) Holzkohlen	4,15	
8) 2 Eisschränke u. Eis (102,53 + 49,04)	151,57	
9) Liebesgabenzuschußanteile für aus der Menage geführte Port. Uffz. u. Köche	44, –	
		Yen 10.920,23
B. Unterhaltung und Beschäftigung		
1) Heizung, Beleuchtung, Reinigung der Bar I (Theater u. Vortragsraum) sowie Leseraum	Yen 139,03	
2) Unterrichtsgegenstände u. Unkosten bei Vorträgen im allgem. Interesse (37,48 + 20,–)	57,48	
3) Beihilfen für die Lagerbücherei	177,50	
4) einmal. Beitrag für Musikzwecke	20, –	
5) Reparaturkosten in der Lagerbäckerei und Arbeitslöhne für Lagerarbeiten	197,55	
6) Rep. Kosten f. Handwerkszeug v. Holzhackern	1,10	
		Yen 592,66

C. Gesundheitspflege

1) Zahnarztrechnungen	Yen 560,74
2) Aufbau und Unterhaltung der Badegelegenheit am Fluss sowie Bootsmiete	65, –
3) Krankenpflege (Beitrag für Krankenkasse u. Beihilfen für Pfleger)	647, 63
4) lfd. Beiträge für Sportzwecke	480, –
5) Beitrag für Moskitonetze der Kurume-Leute, Bratpfannen für Krankenküche	46,50
6) Beerdigungskosten	21,94
7) Invalidenrenten (vom H. A. besonders angewiesen u. hier zur Auszahlung gebracht)	37,31
	Yen 1.859,12

D. Verschiedenes

1) Schreibmaterialien (einschl. Ausl. d. Komp.)	Yen 54,16
2) Schreibgebühren, Lagerordonnanzen-Zulagen	43,50
3) Telegramme u. Frachtkosten	9,60
4) Weihnachtsschmuck in Bar. I	1,45
	Yen 108,71
Zusammen Ausgabe I	Yen 13.480,72

II. Ausgaben entstanden bei Beschaffung von Verpflegungsgegenständen durch Vermittlung des H. A. Tokyo.

A. Räucherwaren und Fette

Speck, Schinken, Schmalz, Käse	Yen 3516,10

B. Dörrobst

Birnen, Zwetschgen, Aprikosen, Äpfel, Pfirsiche	2375,20

C. Hülsenfrüchte		
grüne Erbsen, weiße Bohnen	1076,–	
D. Fische		
Sardinen, Lachs, Salzheringe	1960,01	
E. Gewürze		
Pfeffer, Zimt, Capern, Curry, Nelken, Lorbeer, Salatöl, Muskat, Vanille	232,87	
F. Verschiedenes		
Büchsenfleisch, Makkaroni, Kaffee, Sauerkraut	2151,08	
G. Materialien.		
Herdringe (15,-), Küchenbeile (7,66)	22,66	
Zusammen Ausgabe II		Yen 11.333,92
Dazu Ausgabe I		13.480,72
ergibt als bezahlt aus Liebesgabengeldern		24.814,64
Setzt man von obiger Endsumme die unter I. B – D aufgeführten Positionen mit insgesamt		2.560,49 ab,
so bleiben als reine Ausgaben für die Küchen		Yen 22.254,15

(aus: *Baracke*, Band III, Nr. 26 „Auszüge aus dem Verwendungsnachweis über den vom Hilfsausschuß Tokyo angewiesenen Liebesgabenzuschuß für das Lager Bando im Rechnungsjahr 1918 (April 1918 – März 1919)". *Kursiv* geschriebene Zahlen (Abzüge und Endsumme) sind im Original (*Die Baracke*) falsch berechnet und hier verbessert worden).

Die Hilfsausschüsse wurden hauptsächlich von in Japan lebenden Deutschen und Österreich-Ungarn in Tokyo, Yokohama und Kobe gegründet, um die Gefangenen sowie ehemalige Kameraden zu unterstützen. Wie später noch ausgeführt wird, hat besonders der Ausschuss in Kobe eine große Rolle bei der Steigerung der musikalischen Aktivitäten in Bando gespielt. Mit der Zeit nahm auch die Unterstützung aus Deutschland und China (Tientsin, Schanghai usw.) zu, wofür Tokyo zur Kontaktstelle wurde. Da es sich um Spenden handelte, konnte man nicht mit festen Beträgen rechnen, aber besonders für die Ernährung und Gesundheitspflege bildete dieses Geld eine wichtige Stütze.

Wie bereits erwähnt, war es für die Japaner, die Kriegsgefangenschaft traditionell als Schande empfanden, schwer verständlich, dass man im Westen Kriegsgefangenschaft als einen Teil des Dienstes betrachtete. Dies tat man dort deshalb, weil man auch als Gefangener befördert und bei Rückkehr in die Heimat mit Freuden empfangen wurde. Daher gab es aktive Unterstützung für die Soldaten von außerhalb und insbesondere zu Weihnachten erreichten viele Geschenke aus Japan und Übersee das Lager, wofür die Gefangenen sehr dankbar waren. Bei dieser Unterstützung handelte es sich zudem um keine kleinen Beträge. 1918 betrugen die Lebensmittelkosten für die Ränge unterhalb der Unteroffiziere 25 Sen pro Tag und Person. Nach der eben dargestellten Berechnung von einem 3000 bis 4000fachen des damaligen Preises entspräche dies heute ca. 750 bis 1.000 Yen für drei Mahlzeiten am Tag. Für die Lebensmittelkosten wurde ein Anteil von 6 Sen pro Person und Tag über Spenden bezahlt, was ungefähr einem Viertel der Kosten entsprach. Die Art und Weise der Unterstützung war zudem äußerst durchdacht. 55% überließ man Bando und die restlichen 45% wurden in Form von Naturalien wie Lebensmittel etc. über die Hilfsausschüsse geliefert. Wahrscheinlich aus der Erwägung, so auch Waren zu erhalten, die nach japanischen Versorgungsrichtlinien nicht genehmigt waren. Auf diese Weise war es möglich, auch mal ein wenig Sauerkraut zu essen.

Die fleißigen Deutschen nutzten die Spenden auch als Kapital für die Schweinezucht und waren stolz, ein Guthaben von 300 Yen zu hinterlassen. Wesentlich war die Unterstützung für die Versicherung, auf die später eingegangen werden soll.

3. *Aktivitäten im Lager*

3.1. *Sport*

„Mens sana in corpore sano" (Gesunder Geist im gesunden Körper) lautet ein lateinischer Spruch. In Bando beabsichtigte man ein Umfeld zu erschaffen, bei dem dieser Spruch in die Tat umgesetzt wurde.

Gefangene beim Bau des Sportplatzes

Die sportlichen Aktivitäten in Bando einschließlich ihrer Bedeutung machte Rie Yamada in ihrem Werk „Sportliche Aktivitäten der Kriegsgefangenen"[39] ausführlich bekannt. Mit Hilfe dieses sowie einiger anderer Bücher soll ein Überblick über die Aktivitäten gegeben werden.

Tennisplätze

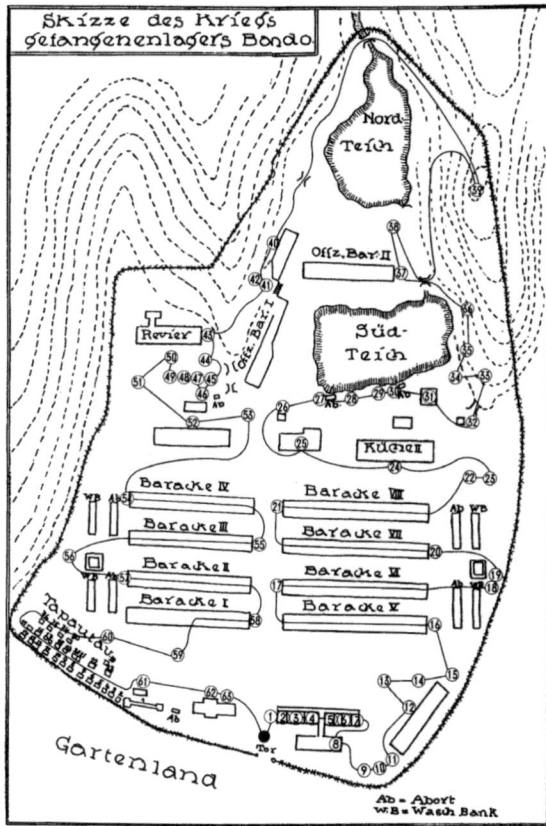

Die Nummern auf der Karte stehen für Gebäude und Anlagen. Wichtigere seien hier genannt:

1. Verwaltungsgebäude,
8. Japanische Küche,
12. Inventarschuppen,
13. Platz 2 (Appellplatz),
14. Turnplatz,
22. Villenviertel „Bando Ost",
24. Küche 2,
25. Kantine,
27. Lagerschlachterei,
28. Warmbadeanstalt,
31. Lagerbäckerei,
34. Kristallpalast und Billiard Saal,
36. Musiklaube und Offizierskasino,
38. Botanischer Garten,
39. Signalberg,
40. Offiziersschlachterei,
41. Werft,
43. Revier,
45. Lagerbücherei,

---

[39] Japanischer Originaltitel: 俘虜生活とスポーツ (furyoseikatsu to supōtsu). Weitere Angaben siehe Literaturverzeichnis.

Gleich nachdem die Gefangenen Anfang April 1917 nach Bando verlegt wurden, verhandelte die Lagerleitung inklusive des Leiters Matsue mit den Anwohnern um ein 23.000m² großes Grundstück vor dem Lager, welches man als Gemüsegarten und Sportplatz pachtete. Die Anlagen darauf wurden von den sportliebenden Gefangenen gebaut, die sofort einen Sportausschuss bildeten und an Entwürfen arbeiteten. Am 1. Mai wurde mit der Arbeit begonnen und am 11. Juni zunächst vier Tennisplätze fertiggestellt. Nachfolgend entstanden am 22. Juli ein Fußballplatz und Mitte August jeweils ein Platz für Treibball und Faustball. Da es viele Sportler gab, wurden im Nachhinein weitere vier Tennisplätze gebaut. Es war zwar ein Lager für Kriegsgefangene, aber besonders daran, dass man sie außerhalb des Stacheldrahtes Sport- und Gemüsefelder anlegen ließ, erkennt man die grundsätzliche Haltung der Lagerleitung: Sie schenkte den Gefangenen Vertrauen und setzte sich für sie ein.

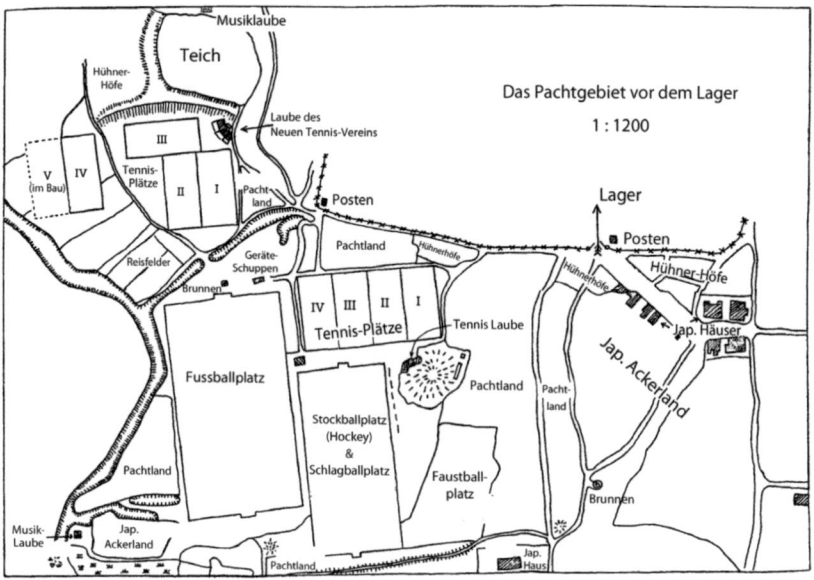

Das Pachtgebiet vor dem Lager

Innerhalb des Lagers gab es darüber hinaus neben einem Turnplatz auch ein Übungsfeld für Ringen und Boxen und zwei weitere Plätze, die für Schlag- und Faustball benutzt wurden. Ein Billardsalon und eine Kegelbahn, welche beide kostenpflichtig waren, wurden ebenfalls aufgebaut. Im Mittelpunkt dieser Aktivitäten standen viele Sportvereine. Unter den Ballsportarten war Fußball am beliebtesten. Dieser wurde von fünf Mannschaften aus dem ehemaligen Lager in Marugame, acht Mannschaften aus Matsuyama und fünf Mannschaften der Matrosenartillerie aus Tokushima lebhaft betrieben. Für Basketball bestanden lediglich zwei Mannschaften, wohingegen 100 Personen Tennis spielten und dafür drei Klubs gründeten.

Etwas unbekannter ist Schlagball, eine Art deutscher Baseball oder Kricket. Man schlägt dabei mit einem Stock einen Ball und rennt um einen weiter vorn im Feld gepflanzten Pfahl wieder zurück zum Schlagmal. Eine Mannschaft besteht aus 12 Personen. Im Lager Bando gab es 15 Mannschaften, die jeweils aus einer Kompanie stammten. Faustball war Volleyball nach deutschem Stil, bei dem man den Ball nur mit den Fäusten berühren durfte. Vermutlich weil Faustball einfach zu spielen ist, nahmen beim Sportfest im Herbst 1917 ganze 21 Mannschaften mit je 5 Spielern teil. Es gab sogar Schlag- und Faustballvereine ausschließlich für Ältere. Daneben gab es noch Treibball und sechs Hockeymannschaften.

Man konnte die Sportplätze außerhalb des Lagers allerdings nicht zu jeder Zeit benutzen. Vorrangig erhielten die Gefangenen, die am Bau mitgewirkt hatten, eine Erlaubnis zur Nutzung der Anlagen. Bis auf mittwochs und samstags konnte man täglich zwischen morgens 6:30 und 10:30 Uhr sowie nachmittags von 15:00 bis 17:00 Uhr auf den Plätzen Sport treiben.

Neben Ballsport war der Turnklub mit mehr als 100 Teilnehmern sehr beliebt. Für Japaner waren Turnen am Reck oder Pferd sowie Gruppenturnen weitgehend unbekannt, sodass Lehrer und Sportlehrer von umliegenden Grund- und Mittelschulen sowie Schüler der Muya-

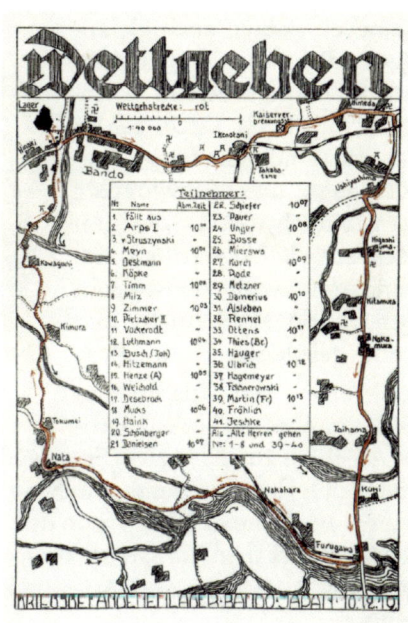

Programm zu einer
Wettgehveranstaltung

Mittelschule (heute Naruto Oberschule) ins Lager zum Zuschauen kamen und später die Turner in die Schulen einluden, um dort von ihnen unterrichtet zu werden. Daneben gab es noch den „Jugendkraft" genannten Ring- und Boxklub, in dem sich 40 Teilnehmer versammelten.

Da es an Platz mangelte, beschränkte sich die Leichtathletik auf Kurzstreckenlauf und Weitsprung. Im Jahr 1919 wurde aber zweimal ein Wettgehen über 21 Kilometer veranstaltet. Die Besonderheit besteht darin, dass im Gegensatz zum Marathon beim Wettgehen immer eine Ferse den Boden berühren muss und daher mehr Zeit benötigt wird. Dieser Sport fand aber bei den Anwohnern viel Freude, und sie feuerten die Wettgeher lautstark an.

Vor allem am Anfang der Lagerzeit füllten die Wettkampfergebnisse die Seiten der *Baracke*. Man verwaltete die verschiedenen Vereine über monatliche Mitgliedsbeiträge von 10 bis 15 Sen, wobei man für die teuren, wie den Tennisklub, monatlich einen Yen einsammelte. Viele der Sportgeräte wurden handgefertigt, wofür man ebenfalls eine Unterstützung des Hilfsausschusses erhielt. Trotzdem mangelte es an solchen Geräten.

Daneben gab es auch Gefangene, die ihren Körper gern auf ihre eigene Art in Bewegung brachten. Dazu gehörten nicht nur Ausflüge, Spaziergänge und Schwimmen; es gab auch welche, die zum Zeitvertreib Holz fällten. Besonders Schwimmen war sehr beliebt. So staute man den nahe gelegenen Fluss Otose als eine Art natürliches Schwimmbad auf oder machte Ausflüge zur über zwei Stunden entfernten Kushiki-Küste, um sich dort unter dem Vorwand „die Füße zu waschen" beim Baden zu amüsieren. Im Sommer 1919 wurde dort ein großes Schwimmsportfest veranstaltet, bei dem ein Orchester spielte und Buden betrieben wurden und somit auch an den Austausch mit den Einheimischen gedacht wurde.

Wettgehwettbewerb der Gefangenen

Spaziergänge und Ausflüge, an denen die meisten Gefangenen teilnahmen, waren wichtige Veranstaltungen des Lagers. An verschiedenen Universitäten in Japan gibt es heute noch Wandervogelclubs, die nach der deutschen Originalbezeichnung benannt wurden.

In der Anfangszeit Bandos befürchtete man Fluchtversuche, sodass Spaziergänge oder Ausflüge in den ersten eineinhalb Jahren nur acht Mal und nur über eine kurze Strecke gemacht werden durften. Nach Ende des Krieges im November 1918 stieg der Freiheitsgrad aber an und Ganztagesausflüge wurden nahezu jede Woche geplant. Dabei stieg man auf den nahe gelegenen Oasa-Berg oder machte Ausflüge an die bereits erwähnte Küste von Kushiki.

Ausflug der Kriegsgefangenen

Auf diese Weise bewegten sich viele Gefangene und bemühten sich, durch Wetteifern bei Sportspielen Körper und Geist im Gleichgewicht zu halten. Gleichzeitig darf man nicht vergessen, dass so über viele Wege ein Austausch mit der einheimischen Bevölkerung stattfand.

Kontakt mit den Einheimischen an der Kushiki-Küste

3.2. Kultur

3.2.1. Vorträge

In der Zeitung *Lagerfeuer* des Lagers Matsuyama heißt es, dass man jeden Sonntag in zwei Bezirken des Lagers Vorträge gehalten hat. Wohl aus dieser Erfahrung heraus gab es in Bando zweimal pro Woche Vorträge, die in ca. zweieinhalb Jahren insgesamt eine Zahl von 234 erreichten. Für Einzelheiten zu Themen und Redner wird auf den Eintrag am Ende dieses Buches verwiesen (Lagerchronik). Fachleute aus verschiedenen Gebieten nutzten ihr umfangreiches Wissen und ihren Erfahrungsschatz und setzten sich für eine höhere Bildung ihrer

Kameraden ein. Der „Chinesische Abend", der ab Mitte des folgenden Monats nach Umzug ins Lager Bando begann, war die erste Vortragsreihe, die hauptsächlich durch Leutnant Solger, die Seesoldaten Tiefensee und Vissering sowie Unteroffizier Mahnfeldt in einem Jahr 46 Mal abgehalten wurde. Wie sich auch aus einigen Diskussionsveranstaltungen erkennen lässt, hatte man in Tsingtau nicht nur gekämpft, sondern viele der Gefangenen hatten bereits vor den Kämpfen in China gelebt. Deshalb war das Interesse an diesen Veranstaltungen groß. Im Übrigen ließen sich nach der Freilassung 82 der in Bando Internierten in Tsingtau und weitere 108 in anderen Gebieten Chinas nieder.

Vorträge im Lager

Eine andere über einen langen Zeitraum andauernde Vortragsreihe war die „Heimatkunde", die im Januar 1918 begann und bis Oktober 1919, als man kurz vor der Heimreise stand, 71 Mal durchgeführt wurde. Erstaunlich dabei ist, dass Leutnant Solger allein für diese verantwortlich war. Einschließlich des „Chinesischen Abends" hielt er somit über 100 Vorträge in Bando. Solger war zuvor zwar Professor an der Deutsch-Chinesischen Hochschule in Tsingtau gewesen, der Inhalt der „Heimatkunde" umfasste aber von archäologischen Themen wie „Die Kultur der ältesten Steinzeit", über biologische Themen wie „Die Entstehung der Wirbeltiere", „Das Mendelsche Gesetz" bis zu geologischen Themen wie „Der Bau der deutschen Gebirge" zahlreiche Fachgebiete. Hinzu kam noch der Bereich Deutsche Literatur mit Vorträgen wie z. B. „Von den Nibelungen zu Faust" sowie Vorträge über Kant, Fichte und Nietzsche. Bemerkenswert ist, dass das Publikum ihn wohl zu den Vorträgen ermunterte und dadurch eine so große Anzahl erreicht wurde, die zudem noch ein großes Themenfeld umfasste.

Daneben fanden über 30 Vorträge zum Thema „Deutsche Geschichte und Kunst" von Seesoldat Hermann Bohner statt, in denen er über einzelne Künstler wie Shakespeare oder J. S. Bach sprach. Außerdem hielt er vor der am 1. Juni 1918 inszenierten Uraufführung der Neunten Sinfonie von Ludwig van Beethoven in Japan einen Vortrag über deren Entstehung. Nach seiner Freilassung arbeitete er an der heutigen Universität für Fremdsprachen in Osaka[40] und hinterließ viele Schriften zu Japanstudien. Etwa 32 Vorträge von Unteroffizier Mahnfeldt zur „Modernen deutschen Geschichte", welche den Zeitraum bis zum Ersten Weltkrieg behandelten, scheinen sehr beliebt gewesen zu sein. Vizefeldwebel Siegfried Berliner,

Vortragssaal in der Baracke I

der über die „Finanzierung von Aktiengesellschaften" berichtete, war zuvor Dozent an der Juristischen Fakultät der Universität Tokyo gewesen und kehrte nach der Freilassung wieder auf diese Stelle zurück.

Da es sich bei den Gefangenen um Angehörige des Militärs handelte, wurden selbstverständlich auch viele Vorträge zu Gefechten an verschiedenen Orten im noch währenden Krieg und über Kriegstaktik gehalten. Darüber hinaus darf nicht vergessen werden, dass es dazu noch Sprachkurse für Deutsch und Japanisch gab. Deutsch für die Gefangenen, die bis dahin noch keine ordentliche Ausbildung erhalten hatten, Japanisch für die, welche Wissbegierde zeigten. Zum Japanischlernen trug das Lehrbuch von Kurt Meißner bei, das seit der Zeit im Lager Matsuyama benutzt wurde und jetzt im Deutschen Haus in Naruto ausgestellt ist.

3.2.2. Musik

Das Lager Bando wurde im Jahr 1917 eröffnet. Ab dem 8. April wurden nacheinander Gefangene aus Marugame und Matsuyama dorthin verlegt. Das Tokushima Orchester, welches bereits vor Bando aktiv war, begrüßte die Kameraden mit einem Preußen-

Mitglieder des Orchesters mit Kindern aus der Region

---

[40] 大阪外国語大学 (*ōsaka gaikokugo daigaku*). 2007 wurde diese in die Universität Osaka (大阪大学, *ōsaka daigaku*) integriert.

marsch und führte seine Aktivitäten zunächst unter gleichem Namen fort, bis es sich ab dem 24. Konzert im Oktober 1918 in M.A.K. chester umbenannte. Vermutlich deshalb, weil viele Mitglieder aus der Matrosenartillerie Kiautchou (M.A.K.) stammten. Das Orchester bestand aus 45 Personen und führte bei Aufführungen, die nur durch Blasinstrumente erfolgten, den Namen M.A. Blaskapelle. Diesen beiden Orchestern wurden, von Aufführungen im Freien abgesehen, bei Konzerten eine laufende Nummer zugefügt, die innerhalb von zweieinhalb Jahren die Zahl 35 erreichte.

Das von H. Hansen dirigierte Tokushima-Orchester mit Chor

Ihr Dirigent war Oberhoboistenmaat Hermann Hansen, der ursprünglich in Tsingtau Kapellmeister gewesen war. Dass direkt nach Eröffnung des Lagers am 17. April das erste Konzert stattfinden konnte, lag daran, dass es bereits enge Verbindungen aus früheren Zeiten gab. Die erste Aufführung der Neunten Sinfonie von Ludwig van Beethoven in Japan in diesem Lager fand durch eben dieses Orchester statt, wozu in Erinnerung an den betreffenden Tag, dem 1. Juni 1918, in Naruto an jedem ersten Sonntag im Juni die „Neunte" aufgeführt wird. Die Person auf der Bühne im heutigen Deutschen Haus, die in einem Matrosenanzug Erklärungen gibt und dirigiert, stellt Hermann Hansen dar. Da er aus Nordschleswig stammte, konnte er bereits früher heimkehren, um an der Volksabstimmung zur nationalen Zugehörigkeit der Region – Deutschland oder Dänemark – teilzunehmen. Beim Abschied wurde er als eine der verdientesten und beliebtesten Persönlichkeiten des Lagers gelobt.

Eine weitere wichtige Person war der Geiger Paul Engel, der das Engel-Orchester seit der Zeit in Marugame leitete und insgesamt 20 Konzerte gab. Zum Orchester gehörten wie beim M.A.K. etwa 45 Personen. Engel setzte sich besonders für die Musikausbildung der Bürger ein und eröffnete den Engel-Musikkurs anfangs in einer Herberge für Pilger vor dem Tempel Ryozen und später im Fotostudio Tachiki in Tokushima. Damit war er sozusagen derjenige, der den Grundstein für westliche Musik in Tokushima legte.

Daneben gab es noch das Schulz-Orchester, welches auch III. S.B. (Seebataillon) Blaskappelle hieß, und das von Paul Moltrecht dirigierte Mandolinen-Orchester, das jeweils für Vergnügen der Bandoer sorgte. Ferner bestand noch ein von Moltrecht geleiteter Männerchor sowie der Jansen Männerchor, die jeweils ca. 60 Personen umfassten. Die 80 Personen für den Chor der „Neunten" wurden selbstverständlich aus diesen Gruppen ausgesucht und man nimmt an, dass dies auch für die vier Solisten gilt. Zur Erinnerung an die schwere Arbeit, die u. a. durch das Umschreiben der Frauenstimmen entstand, wurde 1998 auf dem Gelände des ehemaligen Lagers im Park des Deutschen Dorfes Beethovens Neunte Sinfonie wie zur damaligen Zeit nur mit Männerstimmen aufgeführt. Es wird vielfach nur auf die „Neunte" aufmerksam gemacht, aber es gab natürlich noch viele weitere Stücke, die in Bando zum ersten Mal in Japan aufgeführt worden sind. Die Wichtigsten davon werden in der Tabelle 7 angeführt.

Teilnehmer des Engel-Musikkurses

„Orchester Engel"

Als Ort für die Musikaufführungen wurde die östliche Hälfte der Baracke I benutzt, die auch gleichzeitig als Theater- und Vortragssaal diente. Sonst benutzte man auch von Zeit zu Zeit den Sportplatz oder für Kammermusik den Musikpavillon, der, östlich vom südlichen Teich gelegen, zugleich das Klubhaus der Offiziere war.

An dieser Stelle soll ein Wort dazu gesagt werden, wie die vielen Instrumente für die Orchester beschafft wurden. Einige der Instrumente wurden wahrscheinlich aus Tsingtau mitgebracht und andere in Handarbeit im Lager gebaut. Hinzu kam eine einmalige Spende vom Hilfsausschuss Tokyo von 20 Yen und die besonders große Unterstützung vom Hilfsausschuss Kobe, in dessen Mittelpunkt der in Kobe ansässige Überseehandelskaufmann Ramseger stand. Da Ramsegers Neffe van der Laan in Bando inhaftiert war, besuchten er und seine Frau ihn dort mehrfach. Ramseger und seine Frau waren sehr große Musikliebhaber. Er komponierte sogar eine eigene sinfonische Dichtung namens Chushingura.

Tabelle 7, Liste der wichtigsten Musikaufführungen in Bando (unterteilt nach Genre, Komponisten alphabetisch)

Sinfonien	Beethoven: Nr. 1, 4, 5 (zweimal), 6, 9; Haydn: Nr. 2, 6; Schubert: Nr. 8 Die Unvollendete (zweimal)
Konzertstücke	Bach: Drittes Brandenburgisches Instrumentalkonzert; Bruch: Violinkonzert; Mendelssohn: Violinkonzert; Wieniawski: Violinkonzert Nr. 2
andere Blas- und Saiteninstrument Orchester	Beethoven: Ouvertüre Fidelio; Brahms: Ungarische Tänze Nr. 5, Nr. 6; Grieg: „Peer Gynt" Suite; Liszt: Ungarische Rhapsodien; Rossini: „Wilhelm Tell" (dreimal); Johann Strauß: Geschichten aus dem Wienerwald (zweimal), „Fledermaus" usw.; Wagner: „Tannhäuser"-Ouvertüre, „Rienzi"-Ouvertüre; u.v.m.
Kammermusik	Beethoven: Violinsonate Nr. 9, Klaviersonate Nr. 8 u. a.; Brahms: Violinsonate Nr. 1; Chopin: Fantaisie Impromptu; Haydn: Streichquartett Nr. 1, Nr. 20; Mozart: Streichquartett Werk 157 u. a.; Schubert: Klavierquintett; u.v.m.
Blasmusik	Rosas: Über den Wellen; Suppé: Dichter und Bauer; Teike: Marsch „Alte Kameraden"; u.v.m.
Chöre	Händel: Halleluja; Schumann: Zigeunerleben; Johann Strauß: An der schönen, blauen Donau (mit Orchester); usw.

Durch diese familiären Bindungen erfuhr Ramseger von den musikalischen Aktivitäten Bandos und war davon tief beeindruckt. Dies führte zur Bereitstellung von Musikinstrumenten, Noten und Geldmitteln. Das selbst komponierte Musikstück Chushingura wurde ebenfalls zur Verfügung gestellt, von dem das Tokushima-Symphony-Orchestra 1986 die Ouvertüre unter dem Dirigenten Yozo Ogasawara in Naruto erneut aufführte. Das gleiche Stück wurde auch zum 400jährigen Jubiläum des Baus der Hiroshima-Burg gespielt.

3.2.3. Theater

In Bando gab es einen Theaterausschuss, unter dessen Führung die schauspielerischen Aktivitäten im Lager äußerst rege durchgeführt wurden. Der Hauptverantwortliche war Leutnant Solger, der auch bei Vorträgen äußerst aktiv mitwirkte. Wie aus Tabelle 8 ersichtlich, wurden innerhalb von etwa zwei Jahren, angefangen mit „Die Ehre" von Sudermann, zwei Monate nach der Lagereröffnung, bis zu „Die Stützen der Gesellschaft" von Ibsen im Juni 1919, als man bereits mit der Rückfahrt in die Heimat begann, insgesamt 26 Aufführungen gezeigt.

Theateraufführung im Lager

Tabelle 8, Übersicht der in Bando gezeigten Aufführungen

1917

3. Juni	Sudermann „Die Ehre"
10. Juli	Schiller „Die Räuber" (auf der Außenbühne neben den Seen)
25. August	Anzengruber „Der G´wissenswurm"
17. Oktober	Freytag „Die Journalisten"
6. November	Lessing „Minna von Barnhelm"
11. November	Schiller „Das Lied von der Glocke"
12. Dezember	Laufs „Pension Schöller"
27. Dezember	Hans Sachs Abend
29. Dezember	Goethe „Götz von Berlichingen", berühmte Szenen

1918

2. Januar	Bonn „Sherlock Holmes"
6. Februar	v. Wildenbruch „Die Rabensteinerin"
23. Februar	Gryphius „Peter Squenz"

4. April	Kleist „Der zerbrochene Krug"
22. April	Puppenspiel
1. Mai	Schiller „Wallensteins Lager"
18. Mai	P.C. de la Barca „Das Leben ein Traum"
25. Juni	Shakespeare „Der Widerspenstigen Zähmung"
23. Oktober	Meyer-Förster „Alt-Heidelberg"
19. Dezember	Hans Sachs Abend
1919	
5. Januar	Rössler „Die beiden Seehunde"
23. Februar	Goethe „Egmont"
18./20./21./23./24. März	Blumenthal/Kadelburg „Im weißen Rößl"
21. Mai	Puppenspiel „Doktor Faust"
28. Juni	Ibsen „Die Stützen der Gesellschaft"

Im Durchschnitt macht dies zwar eine Aufführung pro Monat, in der Praxis waren die zeitlichen Abstände zwischen den einzelnen Aufführungen jedoch unterschiedlich lang. Im Repertoire befanden sich beispielsweise mit „Minna von Barnhelm" und „Alt Heidelberg" Stücke, die auch heute noch gezeigt werden. „Sherlock Holmes" wurde ebenfalls gespielt. Darüber hinaus gab es sehr unterhaltsame Varietéshows, die das Publikum begeisterten.

Das größte Problem bestand in den Frauenrollen und Kostümen. Es gab relativ viele Personen, die eine Frauenrolle spielen wollten und dementsprechend schwierig war die Zuteilung. Mit knappen Geldmitteln beschaffte man Kostüme, die teils mithilfe berufsmäßiger Schneider und einer Vielzahl weiterer Helfer für neue Stücke umgestaltet wurden.

Regeln für Theaterbesucher

In einer Lagerplauderei aus der *Baracke* wurde folgende Erklärung, wie man sich im Lager Theaterstücke anzusehen habe, humorvoll beschrieben:

Regeln für Theaterbesucher

Es dürfte angebracht sein, einmal ein paar alte, bisher ungedruckte, aber trotzdem beobachtete Regeln für den Theaterbesuch ins Gedächtnis zurückzurufen.

1. *Komm grundsätzlich zu spät, denn dann brauchst du dich von den anderen nicht schieben und stoßen zu lassen; durch praktische Anwendung des akademischen Viertels, oder so ähnlich, beweist du am besten deine Bildung.*
2. *Gehst du zur 50 Sen-Vorstellung, so bringe ruhig einen Riesenklubsorgenschlafstuhl mit. Die durch deine Anwesenheit geehrte und unterstützte Theatergesellschaft wird sicherlich nichts dagegen haben. Das kannst du für dein gutes Geld verlangen.*
3. *Gehst du aber in die 10 Sen-Vorstellung, so lege wenigstens ein paar Kissen oder Decken auf die niedrige, harte Bank. Sonst könnte dein Hintermann über dich hinweg und vielleicht mehr sehen als du und der bezahlt doch auch nicht mehr.*
4. *Den Bewegungen auf der Bühne folge mit den entsprechenden Bewegungen des Kopfes von rechts nach links, von links nach rechts usw. Diese Bewegung wird sich schon auf die Hintermänner fortpflanzen, wenn auch die etwas sehen wollen. Macht einer eine entgegengesetzte Kopfbewegung und versperrt allen Hintermännern die Aussicht, so ist das nicht deine Schuld. Warum hat der Kerl keine Disziplin im Leibe.*
5. *Rauche wie ein Schlot, denn du weißt und liest es dauernd, daß das mit Rücksicht auf die Lungen der Schauspieler nicht erwünscht ist. Nur durch Nichtbeachtung solcher Wünsche beweist du den wahren Mut. Wem es nicht paßt, der kann ja rausgehen. Das Theater ist doch nicht allein für Nichtraucher da.*
6. *Hast du aber Bonbons gekauft, um die Industrie im Lager zu unterstützen, so knistere während der Vorstellung nicht nur häufig mit der Tüte, sondern sorge dafür, daß durch dein lautes Lutschen, Schmatzen und Zerkauen auch deinem Nebenmann ein Pfützchen über die Zunge läuft.*
7. *Weihe deine Nachbarn durch Kiechern, beifällige Bemerkungen, Rippenstöße, Fußtritte usw. in deine Gemütsbewegungen ein, dann entgehst du der Gefahr, für einen herz- und gefühllosen Hunnen und Barbaren zu gelten.*
8. *Weißt du, daß ein Witz kommt, so zeige dein Verständnis dafür dadurch, daß du schon vorher zu lachen anfängst; vor allem aber höre*

nicht zu früh auf zu wiehern, die Schauspieler können ja ruhig einmal einen Augenblick warten.

9. Spielt oder singt man dir bekannte Melodien, so singe oder brumme mehr oder weniger leise mit. Dann merkt man wenigstens, dass der jahrelange Aufenthalt in einem hochmusikalischen Kriegsgefangenenlager nicht spurlos an dir vorübergegangen ist.

10. Wenn du weißt oder merkst, daß das Stück zu Ende ist, warte nicht, bis der Vorhang fällt, sondern packe deine Siebensachen ohne Verzug ein, damit du ja vor den andern draußen bist, denn Zeit ist Geld.

(aus: „Plaudereien aus dem Kriegsgefangenenlager Bando", Paul König, 1919)

3.2.4. Druck und Veröffentlichungen

In den lagereigenen Druckereien Bandos wurden neben der *Baracke* noch zahlreiche weitere Erzeugnisse herausgebracht. Man nutzte dafür die Erfahrungen aus der Zeit in den Lagern in Matsuyama und Tokushima. Das Niveau der Drucktechnik in Bando wurde in anderen Lagern hochgeschätzt und führte zu zahlreichen Bestellungen von außerhalb.

Von den insgesamt 70 Veröffentlichungen aus allen sechs Lagern wurden 50 in Bando erstellt, womit man auch in Deutschland hohes Ansehen erwarb. Die Veröffentlichungen aus Bando ergeben sich aus Tabelle 9.

Die Lagerdruckerei

Tabelle 9, Übersicht der Veröffentlichungen in Bando
(mit ○ gekennzeichnete Werke befinden sich im Deutschen Haus)

- ○ „Die Baracke" Band I, II, III und 6 Monatshefte
- • „Die Ausweisung der Deutschen aus China"
- ○ E. Behr „Drei Märchen"
- ○ K. Bähr „4 1/2 Jahre hinter'm Stacheldraht"
- ○ K. Bähr „Nachtrag zu 4 1/2 Jahre hinter'm Stacheldraht"
- ○ H. Bohner „Gespräche über Malerei"
- ○ O. Euchler „Drei Vorträge über die soziale Frage"
- • H. Hess „Das Engel-Orchester. Seine Entstehung und Entwicklung"
- ○ H. Großmann/H. Tittel „Erläuterungen zu den japanischen Volksschulfibeln, Heft 1-12"

- „Adressbuch für das Lager Bando 1917/18"
- „Fremdenführer durch das Kriegsgefangenenlager Bando"
- „Führer durch die Ausstellung für Kunstgewerbe und Handfertigkeiten, Bando 1918"
- „Heimatadressen der Kriegsgefangenen im Lager Bando"
- „Ernste und heitere Gedichte aus der Kriegsgefangenschaft"
- P. König „Plaudereien aus dem Kriegsgefangenenlager Bando"
- „Lagerfeuer – Wöchentliche Blätter für das Kriegsgefangenenlager Matsuyama" Band 1-3 (Nachdruck)
- K. Meißner „Japanische Erdkunde"
- K. Meißner „Unterricht in der japanischen Umgangssprache"
- F. Solger „Heimaterde und Ahnenblut"
- „Ein Strauß Stilblüten, gepflückt in japanischer Kriegsgefangenschaft"
- F. Tiefensee „Wegweiser durch die chinesischen Höflichkeitsformen"
- E. Vockerodt „Fabrikanlagen – Studie über Beziehungen zwischen Technischem und Wirtschaftlichem"
- „Bücher-Verzeichnis der Lagerbücherei"
- H. Tittel „Sumo. Der japanische Ringkampf"
- „Turnen in Bando"
- K. Bähr „Schlagschatten aus der Vergangenheit der Kompanie 6"
- A. Barghoorn „Das Jahr im Erleben des Volkes"

Die im Lager verbrauchte Anzahl an Papierseiten betrug im ersten Jahr 350.000 und im zweiten Jahr 550.000 Blatt. Das entspricht bei einem Jahr und 1.000 Gefangenen 550 Blatt pro Person, wofür jeden Tag ungefähr 1.500 Blatt per Hand gedruckt wurden.

Besonders bemerkenswert ist dabei der Farbdruck. Gewöhnlicherweise benutzt man für einen Farbdruck das Lithografieverfahren (Steindruck), weshalb viele Personen fälschlicherweise denken, in Bando wäre dies ebenfalls zur Anwendung gekommen. Der besondere Mechanismus in diesem Fall wird aber in der *Baracke* vom April 1919 auf über zwölf Seiten erklärt: „Auf einem mit einer

Die letzte Ausgabe der „Baracke"

Wachslösung imprägnierten Seidenpapierbogen wird mit Hilfe eines Stahlgriffels die Schrift oder Zeichnung aufgetragen, wobei man sich als Unterlage einer feilenartig fein behauenen Stahlplatte bedient. [...] Trägt man nun mit einer Walze Farbe auf den Bogen auf, so drückt sich diese durch die feinen Löcher hindurch und die Zeichnung erscheint auf dem Druckpapier". Beim Farbdruck benötigt man so viele Originalblätter, wie man Farben verwendet. Die Reihenfolge der aufzutragenden Farben ist gelb, blau, grün und dann schwarz. Bei einem sechsfarbigen Druck und 300 Blättern musste man also die Walze für den Druck 1800mal betätigen.

Mit diesem Druckverfahren wurden die Bando-Briefmarken, die jetzt unter Sammlern teuer gehandelt werden, sowie viele Plakate und Veranstaltungsprogramme, von denen einige im Deutschen Haus ausgestellt sind, angefertigt. (Vergleiche hierzu die farbigen Plakate am Anfang dieses Buches).

4 ½ Jahre hinterm Stacheldraht

3.3. Sonstige Aktivitäten

3.3.1. Krankenkasse

Im Gefangenenlager Marugame war eine Krankenkasse gegründet worden, die mit Erfolg tätig gewesen war. In Anlehnung an dieses Beispiel besprachen sich die Stellvertreter der Kompanien in Bando kurz nach der Eröffnung des Lagers und errichteten daraufhin eine neue Krankenkasse. Das Ziel bestand darin, allen unbemittel-

Gurgeln im Lager

ten hilfsbedürftigen Kranken des Lagers Unterstützung und Erleichterung in Form von geeigneter Krankenkost, stärkenden Arzneien und anderen Hilfsmitteln, die von den Japanern nicht geliefert wurden, zu verschaffen, um so ihre Genesung zu fördern. Das dafür benötigte

Grundkapital konnte nur durch Spenden aller Gefangenen aufgebracht werden. Anfangs schien ein dafür bestimmter Kassenwart nach der Losung „einer für alle, alle für einen" das Geld einzusammeln, aber es gab natürlich auch Personen, die dieser Art von Spende nicht nachkommen wollten. Schließlich änderte man die Zahlart dahin gehend, dass jede Person für sich in die Kasse einzahlte.

Aus der Tabelle 10 erhält man eine gute Übersicht über die Aktivitäten der Krankenkasse. Als am Anfang des Winters 1918 die Spanische Grippe ausbrach, forderte sie allerorts wie z. B. in Narashino mit 25 Personen und Nagoya mit 6 Personen einige Todesopfer. In Bando erfasste sie fast zwei Drittel der Gefangenen. Dass dennoch nur 3 Todesfälle aufgetreten sind, wird vor allem daran gelegen haben, dass man sich durch besondere Spendensammlungen für die Krankenkasse und damit für die Bekämpfung der Grippe einsetzte. Durch die Krankenkasse wurden an zwei Stellen im Lager Apotheken eröffnet, für die man Personen mit medizinisch-pharmazeutischem Fachwissen zur Behandlung von leichten Verletzungen oder Krankheiten abstellte.

Tabelle 10, Jahresabrechnung Krankenkasse Bando vom 1. Jan. bis 31. Dez. 1918

Einnahmen			Ausgaben		
Inhalt	Betrag (Yen)	Einzelangabe	Inhalt	Betrag (Yen)	Einzelangabe
Bestand	26,46		**Auslagen Verpfl. Bando**	1.257,43	
Sammlungen	1.378,70		Eier		82,74
durch Lagerkasse		725,00	Hafergrütze		140,74
Span. Krankheit		653,70	Milch		501,93
Stiftungen	543,95		Butter, Honig		52,40
Kegelbahn Bando		135,00	Fleischwaren		33,55
Nahrmittel aus der Lagerapotheke		51,65	Garküche		267,18
sonstige Stiftungen		357,30	Tee, Kaffee, Zucker		30,53
Unterstützung Hilfsausschuss Tokyo	748,68		Fruchtmus		42,76
Rückzahlungen	72,59		Wein, Fruchtsaft, Tansan usw.		44,62

für verabfolgte Verpflegung		25,63	Obst	35,49
für Auslagen v. d. Lagerbehörde		42,20	Sonstige Nahrungsmittel	20,49
von nicht verauslagten Lazarett-Barzuschuss		4,76	Verpflegungs-Zuschuss in bar	5,00
Verkauf versch. für die Span. Grippe angesch. Gegenstände	10,65		Auslagen Tokushima Lazarett	521,22
Fundgeld	3,75		Milch	12,83
Rückstellungskonto Auflösung desselben	75,00		Butter	21,30
Fehlbetrag	17,04		Fleischwaren	73,68
			Fleischkonserven	48,32
			Speisen durch die Damen	129,53
			Sonst. Nahrungsmittel	42,96
			Barzuschuss zur Kostaufbesserung usw.	135,00
			Heizmaterial	2,90
			Beförderungskosten	54,70
			Wiederkehrende Auslagen	315,42
			Putzer für Revier	42,00
			Ordonnanz	30,00
			Bäder für Kranke	11,10
			Holzkohle u. Petroleum	108,33
			Eis für Umschläge	27,39
			Waschgeld	14,30
			Papierwaren	37,87

				Drucksachen		18,33
				Telegramm		4,25
				Elektr. Licht		8,98
				Kleine Auslagen		12,87
				Einmalige Auslagen	707,75	
				Medizinische Bedarfsartikel		53,89
				Arznei für Revier und Lazarett		131,66
				Beihilfe Unfall Schnitzler		30,00
				Versch. f. Lagerapotheken		119,88
				Ausbau Revierstube		26,39
				Beih. z. Bau u. Inneneinrichtung von Einzelwohnungen		95,06
				Geräte und Ausrüstungsgegenstände usw. für eigenen Betrieb u. für Kranke insbes. anlässl. Span. Krankheit		148,86
				Moskitonetze für Kurume Mannsch.		60,00
				Desinfektion d. Kurumer Gepäck		32,07
				Desinfektion Einrichtung f. Barbiere		9,94
				Rückstellungskonto	75,00	
				Hinterlegung desselben auf Postkonto		75,00
		2.876,82			2.876,82	

(aus: *Baracke*, Band III, Nr. 20 „Jahresabrechnung Krankenkasse Bando")

Für die Einnahmen der Krankenkasse war die Unterstützung des Hilfsausschusses Tokyo beträchtlich, die mit 748 Yen über ein Viertel der Gesamtsumme ausmachte. Zusätzlich wurden vom Hilfsfonds Schanghai auf Veranlassung von Prof. Dr. von Schab jedes Jahr Arzneimittel sowie Nähr- und Kräftigungsmittel geschickt. Ein Anteil von fünf Prozent der Einnahmen der Krankenkasse stammte aus der Nutzungsgebühr der Kegelbahn.

Bei den Ausgaben fallen die für Milch mit 17% ins Auge. Dies erklärt sich wohl durch die verschiedenen Essgewohnheiten. Da die Milch aus der Umgebung von schlechter Qualität war, ließ man anfangs welche aus einem Trappistenkloster auf Hokkaido anliefern. Später hielt man aber durch die Anleitung einiger Kameraden Kühe im und nahe des Lagers, was die finanzielle Belastung erheblich reduzierte. Interessant sind Angaben zur Verlegung von Personen aus Kurume, bei denen über Bereitstellung von Moskitonetzen und Desinfektion des Gepäcks gesprochen wird. Dies geschah, um gegen Läuse und Wanzen vorzugehen. Im Heft 24 des zweiten Bandes der *Baracke* (8. September 1918) ist dazu ein humorvoller Essay festgehalten, der die Klagen einer Wanze auf ihrem Weg von Kurume nach Bando beschreibt.

3.3.2. Post

Ende August 1918 wurde die Lagerpost in Bando gegründet. In der Lagerplauderei aus Heft Nr. 24 der *Baracke* vom 8. September berichtete man von der Freude, dass es nun keine Mühen mehr mache, Post aufzugeben oder Telegramme zu schreiben. Interessanterweise stammte die Idee, eine Post aufzubauen, aus den Erfahrungen aus Kurume, sodass seitdem keiner mehr wie bisher nur schlecht über jenes Lager redete.

Es gibt einen Grund dafür, warum die Eröffnung der Post so begrüßt wurde. Laut der Statistik aus dem Jahr 1918 wurden 74.000 Poststücke aus Bando abgesandt. Davon gingen über 80 Prozent ins Ausland, was bis dahin viel Mühe und Zeit in Anspruch genommen hatte (siehe Tabelle 11)

Tabelle 11, Aus Bando abgesandte Post

Art	Gesamt	ins Ausland	innerhalb Japans	pro Person
monatliche Briefe	13.792	12.555	1.237	13
Bestellbrief	2.238	1.014	1.224	2
Einschreiben	107	65	42	0,1
monatliche Karten	14.451	12.683	1.768	14
Bestellkarten	12.202	9.772	2.430	12
Ausstellungskarten	8.956	7.978	978	9
Festtagskarten	22.161	17.012	5.149	22
Zwischensumme	73.907	61.079	12.828	72,1
%	100	82,64	17,36	
Drucksachen	860	657	203	0,8
Pakete	630	300	330	0,6
Frachtstücke	84	24	60	0,1
Telegramme	375	64	311	0,4
Zwischensumme	1.949	1.045	904	1,9
Gesamtsumme	75.856	62.124	13.732	74
%	100	81,89	18,10	

Tabelle 12, In Bando empfangene Post

Art	Gesamt	ins Ausland	innerhalb Japans	pro Person
Briefe	33.284	29.984	3.300	33
Postkarten	25.884	16.611	9.273	25
Einschreiben	3.778	3.095	683	4
Drucksachen	28.847	23.823	5.024	28
Telegramme	215	29	186	0,2
Pakete	11.006	7.210	3.796	11
Frachtstücke	487	110	377	0,5
Gesamtsumme	103.501	80.862	22.639	101,7

(aus: *Baracke*, Band III, Nr. 22 „Post und Geld in Bando")

Durchschnittlich wurden 72 Poststücke pro Person versandt. Es gab eine Begrenzung von monatlich zwei Briefen und drei Postkarten für Offiziere und in Abstufung dazu einen Brief und eine Postkarte für Mannschaften. Dementsprechend hätten Offiziere im Jahr lediglich 60 und Mannschaften 24 Stück versenden können. Hauptmann Takagi, der im Lager für die Post zuständig war, sah aber darüber mit der Begründung hinweg, dass für Bestellungen besonderer Waren Briefe aufgegeben werden müssten. Auch daran erkennt man den Großmut, mit dem die Gefangenen in Bando behandelt wurden. Im Übrigen ist die Zahl der erhaltenen Poststücke noch größer. Sie betrug inklusive Paketen und Telegrammen über 100.000 im Jahr und damit 101 pro Person (siehe Tabelle 12).

3.3.3. Handel und Geschäfte

Tapatau

Postverteilung im Lager

Gleich links hinter dem Lagertor standen etwa 80 selbst gebaute Buden. Dieses Viertel wurde nach der gleichnamigen großen chinesischen Ladenstraße in Tsingtau „Tapatau" benannt. Der „Fremdenführer durch das Kriegsgefangenenlager Bando", der bei der Ankunft der 90 Soldaten aus Kurume entstand, machte die Nummern der Buden sowie deren Inhaber bekannt und gleichzeitig Werbung für diese. Die Geschäftsbereiche waren äußerst vielfältig: vom Schreiner, Tischler, Schneider, Schuster, Barbier, Fotograf und Buchbinder bis zum Verkauf von Eiern, Erfrischungsgetränken und Eiscreme, ein Zimmermann, eine Werkstatt für Musikinstrumente, Metallverarbeitung und ein Klempner sowie darüber hinaus ein Ort für Musikunterricht und Dichtkunst.

Ladenstraße Tapatau

Daneben standen nördlich der Baracken zwei Druckereien, eine Apotheke (inkl. chemischem Versuchslabor), zwei Schlachtereien, eine Bäckerei, eine Warmbadeanstalt namens „Sanitas" und das exklusive Restaurant „Kristallpalast". Sogar ein Versandgeschäft und eine Werft gab es. Selbst Yorisada Tokugawa, ein Nachfahre des Klanherren aus Kishu[41], der nach Bando kam, weil ihm das Gerücht über die Aufführung der Neunten Sinfonie zu Ohren gekommen war, sprach sein

---

[41] Kishu 紀州 (*kishū*) ist eine der historischen Provinzen Japans auf der Hauptinsel Honshu. Das Gebiet entspricht heute der Präfektur Wakayama 和歌山県 (*wakayama ken*) und dem südlichen Teil der Präfektur Mie 三重県 (*mie ken*).

höchstes Lob für die Küche des „Kristallpalastes" aus. Außerdem verkauften manche in ihren Zimmern Zigaretten oder Bier, andere wiederum übernahmen das Wäschewaschen, Haareschneiden oder die Abfallbeseitigung. Es gab auch Geschäfte, die von Japanern geführt wurden, und man konnte auch Japanisch essen.

Die Kegelbahn

Rechts neben Tapatau befanden sich die Kegelbahn und die Konditorei. Die Öffnungszeiten für die Kegelbahn, die es zuvor bereits in Matsuyama gab und in Bando wieder aufgebaut wurde, waren von morgens sieben bis abends neun Uhr. Sie wurde anscheinend sehr gut besucht und ein Teil der Einnahmen wurde wie bereits erwähnt der Krankenkasse gespendet. Problematisch war das Beschaffen von Holzkugeln. In den Aufzeichnungen ist dazu eine Beschwerde erhalten, die über die Amerikaner berichtet, welche eine schnelle Zusage machten, aber die Kugeln letztlich nicht schickten.

Kegelbahn

Die Bäckerei Geba

Diese Bäckerei erhielt ihren Namen über die Abkürzung der Bezeichnung **Ge**fangenenlager **Ba**ndo und wurde im Lager sehr hoch geschätzt. Bäcker und Konditoren aus drei früheren Lagern arbeiteten dort. Innerhalb von zweieinhalb Jahren sollen 36.000 kg Mehl und 13.000 Eier verbraucht worden sein. Bei der außerhalb des Lagers eröffneten „Ausstellung für Bildkunst und Handfertigkeit" wurde ein Stand der Bäckerei aufgebaut und sorgte für Erstaunen bei den japanischen Gästen. An Feiertagen schickte man zur großen Freude der Empfänger Napfkuchen an in China und Japan lebende Deutsche.

3.3.4. Denkmalbau für die im Lager Verstorbenen

Auch wenn Bando als ein herausragendes Lager gilt, so bedeutet dies nicht, dass keine Konflikte mit der japanischen Lagerleitung auftraten. Es gab sogar Fluchtversuche. Streitigkeiten mit jüdischen Mitgefangenen, die andere Essgewohnheiten pflegten, sowie starke Antipathien zwischen deutschen und polnischen Gefangenen führten letztlich dazu, dass die fünf Gefangenen anderer Religion oder Nationalität in einen nahe gelegenen Tempel verlegt wurden. Einer dieser Gefangenen war der aus Polen stammende Thaddaeus Haertel, der zwar für eine Zeit lang in seine Heimat zurückkehrte, dann aber wieder nach Japan kam und bis zu seinem Lebensende in Nishinomiya lebte. Die Erinnerungen an ihren Stiefvater Haertel fasste Frau Haru Ataka in einem Buch zusammen.

In Bando starben insgesamt neun Gefangene. Einer ertrank, die anderen acht starben an Krankheiten. Von diesen erlagen drei Personen den Folgen der Spanischen Grippe; eine weitere Person erlag einer Typhuserkrankung. Um des Todes dieser Soldaten zu gedenken, wurde Ende August 1919 das „Denkmal der deutschen Soldaten" fertiggestellt.

Einweihung des Denkmals

Unter den Soldaten wurde viel darüber diskutiert, ob man so ein Denkmal errichten sollte. Manche hegten die Befürchtung, dass es nach ihrer Heimkehr einfach unbeachtet stehen gelassen und die Ehre der Verstorbenen dadurch verletzt werden könnte. Die Mehrheit war aber der Meinung, der verstorbenen Kameraden richtig zu gedenken und so wurde beschlossen, einen Gedenkstein zu setzen. Wie später noch erwähnt wird, diente dieser Gedenkstein später als wichtiger Anlass zur Wiederbelebung des Austausches zwischen den ehemaligen Gefangenen und den Anwohnern Bandos. Gedacht wurde insgesamt elf Personen einschließlich zweier bereits in Marugame und Matsuyama Verstorbener und zweier zuvor im Westpark der Stadt Tokushima beerdigter Personen.

3.4. Austausch mit Japanern

Ende des 19. Jahrhunderts machte die deutsche Wissenschaft und Technik beträchtliche Fortschritte, was daran zu erkennen ist, dass Deutschland in den ersten beiden Jahrzehnten des 20. Jahrhunderts in den Bereichen Bereich Physik, Chemie und Physiologie/Medizin mehrere Nobelpreise erhielt. Die deutschen Soldaten waren stolz auf die Lebenskultur des eigenen Landes und die japanische Regierung ermunterte seine Bürger, aktiv von der deutschen Kultur zu lernen. Dementsprechend konnten die Deutschen in Bando auf verschiedenen Gebieten die Erfolge ihres fortschrittlichen Landes vorstellen. Die Anleitungen der deutschen Soldaten im Bereich Sport und Musik sind bereits beschrieben worden und werden daher hier nicht weiter erläutert.

3.4.1. Anleitungen in der Industrie Viehzucht

Der erste Versuch einen deutschen Stall für Rinder- und Schweinezucht gemeinsam mit der Unterstützung der deutschen Gefangenen aufzubauen wurde von der Viehzuchtabteilung der pharmazeutischen Firma Tomita durchgeführt. Der Stall ist noch heute als *Funamoto Stall* südlich des Deutschen Parks erhalten und soll in Zusammenarbeit zwischen den deutschen Soldaten und einheimischen Zimmerleuten innerhalb von fünf Monaten errichtet worden sein. Unter Anleitung des Gefreiten Claussnitzer hielt man dort 20 bis 30 Milchkühe sowie ebenso viele Schweine und fertigte Butter und Käse an. Dies gab den Anlass, in Tokushima eine Vereinigung für Milchwirtschaft zu gründen und den Schülern der Landwirtschaftsschule Unterricht in Schweinezucht zu geben.

Bau des Deutschen Stalls

Brotherstellung

Tadanosuke Fujita, der unter der Anleitung des Gefreiten Gabel die Brotbackkunst in der Bäckerei *Geba* erlernte, eröffnete später ein Geschäft für Brot und Kuchen namens *Doitsuken*[42] in der Stadt Tokushima, wo er viele Lehrlinge ausbildete. Noch heute betreibt einer der Lehrlinge Fujitas eine Bäckerei in Naruto.

Sonstiges

Darüber hinaus gaben die Deutschen Anleitung auf verschiedenen weiteren Gebieten, wie z. B. dem Anbau von europäischem Gemüse, der Verarbeitung von Agrarprodukten, der Herstellung von Schinken und Speck, dem Brauen von europäischen Alkoholika, der Sammlung und Anfertigung von Tier- und Pflanzenpräparaten sowie dem Zeichnen und Entwerfen von Bauplänen. Übrigens gelang es dem im Bezirk Ishii der Präfektur Tokushima gelegenen *Wiener Club*, im Herbst 2005 Wurstsorten nach damaligem Rezept wieder anzufertigen.

3.4.2. Brückenbau

Die deutschen Soldaten erbauten ab September 1917 in einem Zeitraum von einem Jahr und neun Monaten zehn Brücken in der Nähe des Lagers. Darunter waren sechs Holz- und vier Steinbrücken, wovon heute aber nur noch zwei auf der Rückseite des Oasa-Hiko-Schreins erhalten sind: die kleine *Meganebashi* (Brillenbrücke) und die sogenannte *Doitsubashi* (Deutsche Brücke).

Die Deutsche Brücke

Mit dem Bau der *Doitsubashi* wurde anscheinend begonnen, um den Einwohnern dadurch große Umwege zu ersparen. Man besorgte Steine von insgesamt 75 Kubikmetern und einem Gewicht von 195 Tonnen und baute sie innerhalb von drei Monaten. Auch heute, nach fast 90 Jahren, ist die ohne Zusatz von Mörtel nur aus Steinen zusammengesetzte Brücke noch vollkommen solide erhalten. Für die Arbeit an der Brücke wurde zwar kein Lohn bezahlt, aber einer der Gefangenen

---

[42] Jap.: ドイツ軒 (*doitsu ken*). Die deutsche Übersetzung lautet „Deutsches Haus". Nicht zu verwechseln mit dem Museum „Deutsches Haus" (ドイツ館, *doitsu kan*) in Naruto.

schrieb mit Stolz, dass gerade „Schaffensfreude und Wille zur Arbeit" der größte Lohn seien.

3.4.3. Ausstellung für Bildkunst und Handfertigkeit

Die „Ausstellung für Bildkunst und Handfertigkeit" fand über einen Zeitraum von zwölf Tagen vom 8. bis 19. März 1918 statt. Hauptausstellungsort war das Bando-Gemeindehaus, welches sich vor dem Ryozen-Tempel befand, aber es wurden auch weitere Gebäude sowie das Gelände des Tempels und Schreines benutzt. Viele mit großer Mühe gefertigte Werke wurden ausgestellt, die - der Erläuterung aus der *Baracke* entsprechend - widerspiegelten, „was deutsche Arbeitskraft und deutsche Gründlichkeit auch nach langjähriger Kriegsgefangenschaft zu leisten vermögen".

Ausstellung für Bildkunst und Handfertigkeit

Im Bereich Bildkunst zeigten 22 Personen insgesamt 220 Werke wie Ölbilder, Aquarelle und Fotografien. Im Bereich Handfertigkeit wurden insgesamt 250 Stücke, darunter verschiedene Miniatur- oder Schiffsmodelle, Metallverzierungs- und Holzschnitzarbeiten, Musikinstrumente und Spielsachen, ausgestellt, über deren Präzision die Besucher sehr erstaunt waren.

Führung durch die Ausstellung

Der anfängliche Schneefall bereitete zunächst Probleme, aber mit dem unermüdlichen Spiel

Das Engelorchester während der Ausstellung

der Blaskapelle im Hintergrund wurden viele Ausstellungsbuden, „Hau den Lukas", eine Schießbude und Essstände eröffnet, wodurch es lebhaft wie auf einem Jahrmarkt zuging.

Insgesamt kamen 50.000 Besucher, davon 45.000 Japaner. Der Gouverneur der Präfektur Tokushima, der Kommandant der in Tokushima stationierten Truppen sowie viele weitere Leute mit Rang und Namen kamen von inner- und außerhalb der Präfektur. Es gab auch viele Leute, die Ausstellungsstücke kaufen wollten, sodass sogar Nachbestellungen aufgenommen wurden.

Das „Große japanisch-westliche Musikkonzert"

Die Ausstellung war ein großer Erfolg und das beabsichtigte Ziel der Soldaten, damit ein Stück echtes Deutschland zu vermitteln und so einen Beitrag für ihr Vaterland zu leisten, wurde erreicht.

3.4.4. Varietéaufführung zum Abschied

Kurz vor der Entlassung am 10. Oktober 1919 wurden von den Gefangenen im Shintomiza-Theater vier Tage lang Aufführungen gezeigt. Zuerst waren nur drei Tage geplant, aber auf großes Verlangen der Einwohner wurde um einen Tag verlängert. Veranstalter war die Gesellschaft für Hygiene und Gesundheit Tokushima, die jedes Jahr über ihre Theaterstücke für Vorbeugemaßnahmen gegen Infektionskrankheiten und die Wichtigkeit von Hygiene warb. Zur Unterstützung dieser Aktion waren am 2. Juni 1918 und am 22. März 1919 die großen japanisch-westlichen Musikkon-

Broschüre zum „Großen japanisch-westlichen Musikkonzert"

zerte⁴³ gegeben worden, bei denen eines der Orchester aus Bando europäische und japanische Stücke mit großem Erfolg gespielt hatte. Daraufhin wurde der Vorschlag der deutschen Soldaten, führungen zum Abschied zu zeigen, angenommen.

Das Programm dieser Aufführungen war sehr vielfältig. Nicht nur Musik, Schauspiel und Tanz, sondern auch Turnen, Ringen und Boxen wurden geboten. „Es war einfach amüsant und es wurde viel gelacht", so lauten die Eindrücke eines damaligen Zuschauers.⁴⁴ Obwohl selbst die billigsten Plätze 50 Sen, nach heutiger Umrechnung zwischen 1.500 bis 2.000 Yen, kosteten, wurden die Varietéaufführungen sehr gut besucht. Dieser Erfolg lässt sich nicht nur dadurch erklären, dass es sich um etwas Neuartiges handelte, sondern auch dadurch, dass man den deutschen Soldaten durchweg große Wertschätzung entgegenbrachte.

---

[43] Japanischer Titel: 和洋大音楽会 (*wayō dai ongakkai*).
[44] Vgl. HAYASHI 1993: 140.

IV. Die Lagerzeitung *Die Baracke*

1. Zeitungen aus anderen Kriegsgefangenenlagern auf Shikoku und *Die Baracke*

1.1. Tokushima Anzeiger

Unter den drei Lagern Matsuyama, Marugame und Tokushima auf Shikoku, die zwischen November bis Dezember 1914 eröffnet wurden, war Tokushima dasjenige, welches zuerst mit der Veröffentlichung einer Lagerzeitung begann. Vier Monate nach der Lagereröffnung im April 1915 wurde der *Tokushima Anzeiger* gegründet, von dem die „Forschungsgruppe für Geschichtsmaterialien"[45] bisher nur die Nummer 50 vom 12. März 1916 zu Gesicht bekommen hatte.

Aus dem Tokushima Anzeiger
Band I Nr. 16

Auf einer Forschungsreise durch Deutschland, die als Teil von gemeinsamen Studien der Stadt Naruto und der Pädagogischen Hochschule Naruto im Jahr 2001 durchgeführt wurde, entdeckte man drei zusammengefasste Halbjahresbände des *Tokushima Anzeigers*. Dieser Fund wurde im Wehrgeschichtlichen Ausbildungszentrum der Marineschule Mürwik gemacht, welche sich in der Stadt Flensburg, nahe der dänischen Grenze befindet. Die Aufteilung besteht aus Band I vom 5. April bis 19. September 1915, Band II vom 26. September bis 12. März 1916 und Band III vom 19. März bis 17. September 1916 aus insgesamt 67 Ausgaben mit einer Gesamtzahl von 1.845 Seiten. Ob dies die komplette Ausgabe darstellt oder eventuell vom Oktober bis zum März des folgenden Jahres noch weitere Ausgaben vorhanden sind, ist unklar.

Was besonders ins Auge fällt, sind die vom Dirigenten Hermann Hansen geleiteten Konzerte des *Tokushimaer Orchesters*, die bis zum September 1916 ganze fünfzig Mal aufgeführt wurden, sowie die Eintra-

---

[45] Forschungsgruppe für Geschichtsmaterialien, Deutsches Haus Naruto ドイツ館史料研究会 (*doitsukan shiryō kenkyūkai*).

gungen aller dazugehörigen Musikstücke. Innerhalb des letzten Musikprogramms ist aus Beethovens Neunter Sinfonie die Ode „An die Freude" angeführt, welches man wohl als Grundlage zur Erstaufführung der „Neunten" in Bando bezeichnen dürfte. Darüber hinaus gibt es noch viele weitere Einträge, von denen sich ein Muster für das Leben und die Aktivitäten in Bando ablesen lässt. Um einen Einblick zur grundsätzlichen Haltung der Zeitung und der Veröffentlichungsarbeit zu erhalten, soll im Folgenden ein Artikel aus der Ausgabe Nr. 50 vorgestellt werden.

Fast 1 1/2 Jahr leben wir bereits hier in der aufgezwungenen Untätigkeit. Nach einer Zeit der Teilnahmlosigkeit, verursacht durch die überstandenen Fährnisse, regte sich wieder der Schaffensdrang, zeigte das allen Deutschen angeborene Organisationstalent wieder, dass es doch nicht ganz erstorben war. So gleicht das Lagerleben dem Getriebe einer kleinen deutschen Stadt. Eine Schule gibt Unterricht in Sprachen, Stenographie, Buchführung, daneben sorgen noch belehrende Vorträge für Fortbildung, Theater und Orchester vertreten die Künste, Schlosser und Tischlerwerkstatt sind die Stätten der praktischen Arbeit, Turn- und Gesangverein lassen sich die Pflege von Leib und Gemüt angelegentlich sein, für leibliche Genüsse sorgen noch Konditor und Schlachter. [...] Wir alle sind s. Zeit aus der Heimat gen Osten gezogen, mehr oder minder durchdrungen von der Absicht(,) deutsche Kultur zu verbreiten. Gegen unsern Willen in ein fremdes Land verpflanzt, von der Einwirkung auf unsere Umgebung ferngehalten, finden wir uns genötigt(,) unsere eigene Kultur zu wahren, statt sie verbreiten zu können. [...] Erst wenn wir wieder in der Freiheit auf unser Leben in der Gefangenschaft zurückblicken, werden wir es unter einem anderen Gesichtspunkt betrachten. Und dann müßten wir sagen können, „Ich habe meinen Teil dazu beigetragen, daß diese Zeit nicht eine verlorene Zeit bedeutet."

(aus: Tokushima Anzeiger, 12. März 1916)

Am Anfang jeder Nummer ist der Eintrag „Hansen" zu finden. Vermutlich weil der Dirigent Hermann Hansen, der die Neunte Sinfonie in Japan uraufgeführt hatte, aus Flensburg stammte und entweder er oder Nachfahren die Zeitungen spendeten. Die Beschäftigung mit dem *Tokushima Anzeiger* führte in Zusammenarbeit mit der lokalen Presse zu dem Erfolg, mehr über das bis dato unbekannte Leben von Hermann Hansen zu erfahren.

Der mit Farbbildern versehene *Tokushima Anzeiger* wurde ebenfalls im Vervielfältigungsdruck erstellt und enthält den gleichen alten Schriftsatz wie *Die Baracke*. Um diesen schwer entzifferbaren Schriftsatz übersetzen zu können, war eine Umwandlung in den heutigen Schriftsatz notwendig. Als wir diese Arbeit in einer japanweiten Zeitung bekannt machten, erklärten sich mehr als 50 Personen bereit zu helfen. Damit diese liebenswürdige Hilfe nicht ungeachtet bleibt, haben wir im Frühling 2006 eine gekürzte Teilübersetzung erstellt und beabsichtigen, eine noch detailliertere Fassung vorzustellen.

1.2. *Lagerfeuer*

Auch wenn man vom „Lager" Matsuyama spricht, waren die Unterkünfte nicht an einem Ort. Die 414 Kriegsgefangenen waren auf insgesamt sieben Standorte verteilt, worunter sich fünf Tempel und ein Gemeindehaus befanden.

Am 27. Januar 1916, und damit am Geburtstag von Kaiser Wilhelm II. und zehn Monate später als die Zeitungen im Lager Tokushima, wurde

Die Zeitung Lagerfeuer

das *Lagerfeuer* zum ersten Mal herausgegeben. Am Anfang der ersten Ausgabe ist eine Zeichnung mit um ein Lagerfeuer sitzenden Soldaten aufgemalt, zu der ein dem Kaiser gewidmetes Gedicht abgedruckt wurde. Im Vorwort „Zum Geleit" derselben Ausgabe wird der Beweggrund für die Herausgabe einer Lagerzeitung mit höchsten Idealen hervorgehoben. Diese Ideale wurden später in der *Baracke* fortgeführt.

„In trüben Zeiten den Kopf hängen zu lassen und den Mitmenschen zu erzählen, wie traurig die Lage und wie schwer das Leben sei, ist leichter als in den Tiefen des Lebens die Lichtpunkte zu finden, an denen sich neuer Mut entzünden mag. [...] Sie (Unsere Blätter) wollen ein Werkzeug sein, damit all das Feuer, das in unserem Lager glimmt, sich aneinander von neuem entzünde und zur hellen Lohe aufflamme. Den Rahmen stecken wir soweit wie möglich. Wer sich mit uns an dies „Lagerfeuer" setzen will, um sich an seinem Schein zu wärmen, der ist uns willkommen, doppelt willkommen, wenn er auch sein Scheit mit ins Feuer zu werfen hat, dass es heller brenne."

(aus: *Lagerfeuer*, 27. Januar 1916)

Darauf folgend veröffentlichte man jeden Sonntag die Nummern zwei bis fünf, bis am 26. Februar dann plötzlich ein Extrablatt mit dem Titel „Lagerfeuer. Ehemalige Blätter der deutschen Kriegsgefangenen in Matsuyama, Japan" inklusive eines Gedichtes über eine Seite erschien.

Vom Lagerfeuer zum letzten Mal
Aufflammen die lodernden Scheite
Ade, du stolze Bezieherzahl,
Wir schreiben die letzte Seite.

Seit gestern sind wir in Lager – Acht.
Ihr fragt, wie so schnell das gegangen?
Ja, wer bei Verboten nach Gründen fragt,
War offenbar niemals gefangen. [...]
(aus: *Lagerfeuer*, 26. Februar 1916)

Eine Woche später am 5. März wurde in Nummer sechs über die bisherigen Umstände berichtet und ein Aufruf zur weiteren Herausgabe gemacht.

Kameraden!

Das weitere Erscheinen des „Lagerfeuers" ist von Herrn Oberstleutnant Mayekawa verboten worden mit der Begründung, daß er nur eine Zeitschrift mit wissenschaftlichen Aufsätzen erlaubt hätte, nicht aber ein Unterhaltungsblatt mit Rätseln u. dergl.

Es hatte keinen Erfolg sich darauf zu berufen, dass diese Einschränkung tatsächlich in der gegebenen Erlaubnis nicht gemacht war. Aber wenn der Gedanke richtig war, den die Schriftleitung durch das „Lagerfeuer" verwirklichen wollte, dann kann japanische Willkür uns nicht daran hindern, ihn durchzuführen." [...]
(aus: *Lagerfeuer*, 5. März 1916)

Infolgedessen wurde eine Art Untergrundblatt in Umlauf gebracht, von dem man per Schreibmaschine und Kohlepapier einige Kopien erstellte und diese von Hand zu Hand weitergab. Auf diese Weise wurde die Herausgabe für ein Jahr und zwei Monate mit insgesamt 63 Nummern und 1.268 Seiten fortgeführt.

Wie oben angegeben, teilte die Redaktion zwar mit, dass das Verbot der Lagerzeitung durch Lagerleiter Maekawa damit begründet wurde, dass es sich um „ein Unterhaltungsblatt mit Rätseln u. dergl. handele", aber bis heute gibt es nichts, was auf den wahren Grund hinweist. Es lässt sich jedoch vermuten, dass der Lagerleiter den Inhalt als politisch gefährlich einstufte. Denn in den Nummern eins bis fünf wurde dem deutschen Kaiser die Treue geschworen, die Ehre der kaiserlichen Familie Hohenzollerns gepriesen und in drei Gedichten über den Sieg des Vaterlandes gesprochen.

Die Redaktion versprach einen Nachdruck des *Lagerfeuers*, sobald die Gefangenschaft vorüber sei. Dank der „noch größeren Freiheit im Lager Bando" konnte dieses Versprechen jedoch früher als geplant eingelöst werden, so die Worte voller Freude in der in Bando nachgedruckten Ausgabe vom Januar 1919.

1.3. Die Baracke und Der Tägliche Telegrammdienst (Bando) (TTD)

Kaum waren im April 1917 die drei Gefangenenlager auf Shikoku zum Lager Bando zusammengelegt worden, berieten die Redakteure bereits darüber, aus den Zeitungen in Tokushima und Matsuyama ein einheitliches Werk zu machen. Allerdings kam man zu dem Schluss, dass es dazu noch verfrüht und noch Zeit für das Zusammenbringen der verschiedenen Meinungen nötig sei.

„Die Baracke" (gebundene Version)

Allerdings war man sich einig, dass es notwendig sei, eine Tageszeitung mit Übersetzungen japanischer Nachrichten herauszugeben und gründete dafür den *Täglichen Telegrammdienst*. Von der Eröffnung des Lagers Bando bis zum Januar des Jahres seiner Schließung übernahm diese Zeitung für zwei Jahre und zehn Monate die Rolle eines Anzeigers aus Bando. Das Deutsche Institut für Japanstudien (DIJ) in Tokyo ist im Besitz fast aller Originale.

Am 30. September 1917 wurde die erste Ausgabe der wöchentlichen Lagerzeitung *Die Baracke* herausgegeben. In „Zur Einführung" sprach man davon, dass für *Die Baracke* als „eine Stelle zum Bericht und zur gelegentlichen Aussprache über das, was uns innerhalb unseres Stacheldrahtes bewegt und [zu deren] Aufzeichnung" die Mitarbeit der Kameraden unentbehrlich sei. Als Annahmestelle für schriftliche Beiträge wurden die Lagerdruckerei und die Namen der sechs Redakteure angegeben, wovon Martin, Solger und Goldschmidt bereits in der Redaktion des *Lagerfeuers* in Matsuyama gearbeitet hatten.

Die Baracke erschien wöchentlich und später zusammengefasst mit 26 Nummern als Band I, 27 Nummern als Band II und wieder 26 Nummern als Band III über einen Zeitraum von eineinhalb Jahren. Das, was Band IV entspricht, erschien in Monatsausgaben zwischen April bis September 1919 in sechs Heften. Auf diese Weise erlangte die in genau zwei Jahren veröffentlichte *Baracke* insgesamt 2.720 Seiten. Die Auflage umfasste jeweils ca. 300 Stück.

1.4. Die Heimfahrt

Die Heimfahrt entstand zwar nicht auf Shikoku, aber sie wurde von den Gefangenen aus Bando auf ihrer Heimreise von Kobe bis Wilhelmshaven an Bord des Dampfers Hofukumaru herausgegeben. Es existieren sechs wöchentlich erschienene Ausgaben mit insgesamt 116 Seiten, auf denen viele Artikel über Klima, Geschichte und Geografie aus den Gegenden, durch die das Schiff fuhr – der Südchinesischen See, dem Indischen Ozean, dem Roten Meer, dem Mittelmeer und entlang der Küste des Atlantischen Ozeans – enthalten sind.

2. Der Inhalt der „Baracke"

Dank der Anstrengungen der Forscher und der Unterstützung durch ehemalige Gefangene gelangte *Die Baracke* komplett in den aus Wochenausgaben bestehenden drei Bänden und den sechs Monatsausgaben in den Besitz des Deutschen Hauses in Naruto. Damit befinden sich die sichersten Belege, über die man etwas über das Lagerleben der Deutschen vor mehr als 80 Jahren erfahren kann, eben an diesem Ort.

Eine wöchentliche Ausgabe umfasste durchschnittlich 24 Seiten, eine Monatsausgabe 120 Seiten. Alles ist per Hand geschrieben, durch einen Druckapparat vervielfältigt und durch die Hinzufügung von ein- sowie mehrfarbigen Bildern an mehreren Stellen besonders schön ausgeführt. Allerdings ist die Zeitung in Sütterlinschrift verfasst worden, die in Deutschland nach dem Zweiten Weltkrieg keine Verwendung mehr fand und damit nur noch für wenige Personen lesbar ist. Wie am Ende dieses Buches noch erwähnt wird, befasst sich die Stadt Naruto zusätzlich zu der Veröffentlichung der Übersetzung der *Baracke* noch mit der Herausgabe eines deutschen Textes in lateinischen Buchstaben[46].

Die *Baracke* beinhaltet über 700 Artikel. Aus dem von der damaligen Redaktion angefügten Inhaltsverzeichnis am Ende jedes halbjährlich zusammengefassten Bandes erfährt man etwas über die Vielfalt der behandelten Themen.

1 Die Kriegszeit	
1) Zeitfragen	72 (die Zahlen geben die Anzahl der Artikel zum jeweiligen Thema an)
2) Militärisches	14
3) Kriegsübersichten	24
2 Ostasien	
1) Japan	32
2) China	13
3 Unser Lager	
1) Lagerereignisse	60
2) Theater	28
3) Musik	56
4) Sport	34
5) Plaudereien	60
6) Sonstiges	17
4 Aus anderen Lagern	10
5 Preisausschreiben	15
6 Naturwissenschaftliches	9
7 „Die Baracke"	10
8 Sprüche und Gedichte	42
9 Karten, Bilder und Tabellen	66
10 Verschiedenes	31

(aus den Inhaltsverzeichnissen der Sammelbände der „Baracke")

---

[46] vgl. FN 4.

Zu dieser Auflistung sollen einige Erläuterung gemacht werden.

1-1) Unter „Zeitfragen" wurde des Öfteren die Rechtmäßigkeit der Zugehörigkeit Elsass-Lothringens zum Deutschen Reich, Fragen und Probleme zur Russischen Revolution und zum Bolschewismus sowie der Kriegseintritt Amerikas behandelt.

1-2) „Militärisches". Da ein Teil der Gefangenen aus einem Artilleriebataillon stammte, sind hier viele fachspezifische Artikel zu Minenwerfern, großen Geschützen oder auch über den Anstieg des Munitionsverbrauches bei der Artillerie aufgeführt. Unter dem Titel „Wer ist Kriegsfreiwilliger" findet man Erläuterungen zur deutschen Wehrpflicht.

1-3) „Kriegsübersichten". In diesen Artikeln wurden die Situation an den europäischen Fronten sowie die weltpolitische Lage monatlich zusammengefasst dargestellt.

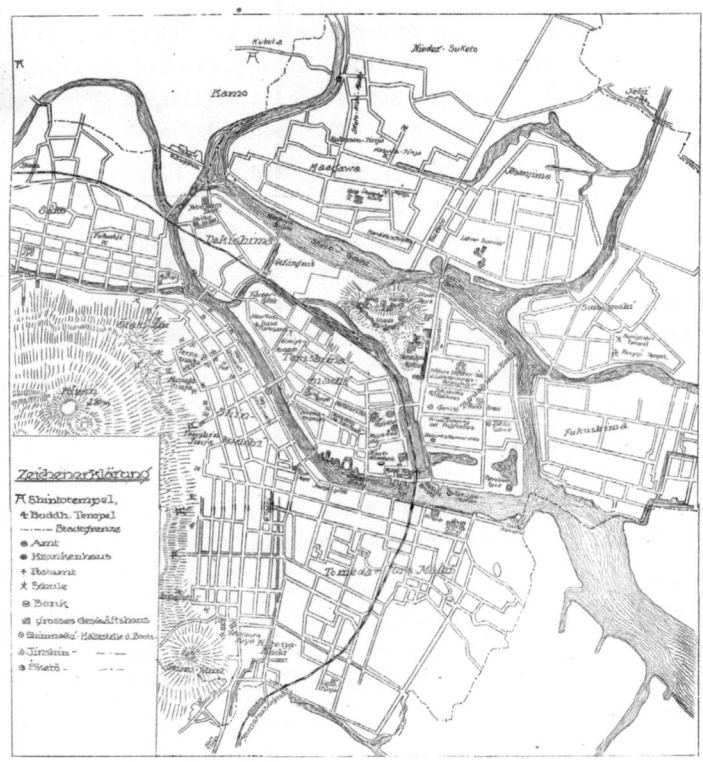

Von den Gefangenen erstellte Tokushima-Stadtkarte

2-1) Unter „Japan" wurden Analysen zur geplanten japanischen Gebietserweiterung sowie Ansichten von japanischen Intellektuellen dazu vorgestellt. Es wurde auch über die Entwicklungen im Schiffsbau und der Eisen verarbeitenden Industrie berichtet. Daneben wurde so ausführlich und exakt über den Landkreis Itano sowie die Umgebung Tokushimas berichtet, dass man heutzutage erstaunt ist, zu welchem Grad die Gefangenen imstande waren, Informationen bezüglich der umliegenden Gegend zu sammeln und auszuwerten.

3-1) „Lagerereignisse". Die Lagerchronik enthält für zwei Jahre genaueste Aufzeichnungen zu den 650 wichtigsten Veranstaltungen in Bando.

Unter 3-2) „Theater" und 3-3) „Musik" wurde das Hauptaugenmerk auf die Bekanntmachung der aufgeführten Werke gelegt. Ein dafür repräsentativer Aufsatz war „Zu Beethovens 9. Symphonie" (Verfasser: P. Sq: Seesoldat H. Bohner). Bei den Rezensionen zur Aufführung erfährt man etwas über den hohen Kenntnisstand der Kritiker dazu.

3-4) „Sport". Es gibt viele Aufzeichnungen zu Fußball- und Tennisspielen; u. a. erfährt man etwas über die Streitigkeiten bei der Auslegung der Abseitsregel. Des Weiteren sind auch Ermahnungen an Schlagballanhänger, die sich nicht angemessen verhielten, aufgeführt.

3-5) „Plaudereien". Mehr als 30 Ausgaben der Plauderei sind von einem gewissen Essayisten K., der viel Sinn für Humor besaß, verfasst worden, wobei man wohl akzeptieren muss, dass einige Texte nur für die damals in Bando lebenden Soldaten verständlich bleiben werden. Die Artikel eines weiteren Autors aus dem Lager beschreiben Namen, Charakter sowie Verhalten der herumstreunenden Hunde.

5) „Preisausschreiben". Unter dem Thema Nummer 1 „Heimat" und Nummer 2 „Nord und Süd" bat man darum, Aufsätze einzureichen. Aus den zahlreich vorgelegten Werken wurde dann die Arbeit des Hauptgewinners sowie weitere herausragende Arbeiten in der Zeitung veröffentlicht. Ein im Dialekt verfasster Aufsatz beschreibt die wahren Gefühle des Autors über seine entfernte Heimat.

6) „Naturwissenschaftliches". Der Autor S. erklärte in der Reihe „Geologische Streifzüge" die Erdschichten, Bodenbeschaffenheit und -qualität der Umgebung des Lagers mit Angabe von Bildern. Des Weiteren erläuterte er die jahreszeitlichen Sternenhimmel anhand einer großen Sternenkarte.

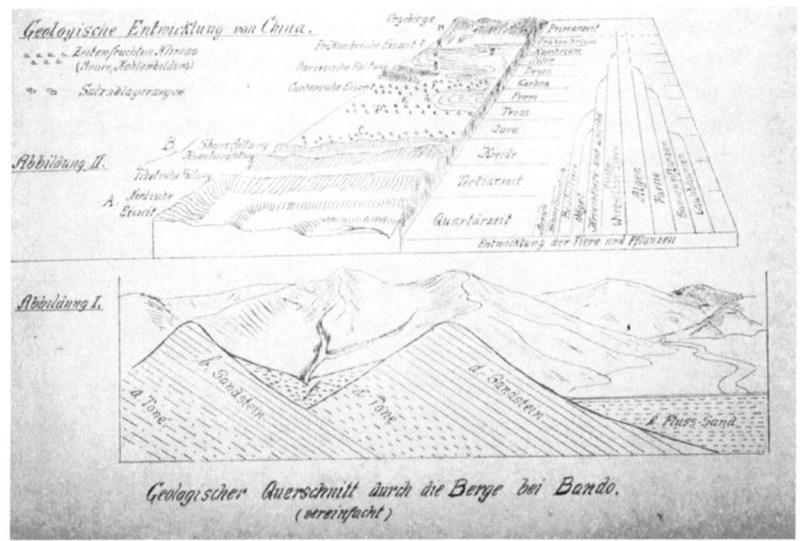

Von den Gefangenen erstellte geologische Karte der Umgebung von Bando

9) „Karten, Bilder und Tabellen" sind zu einem Punkt zusammengefasst. Darunter fallen Karikaturen zum Lagerleben und wirklichkeitsnahe Skizzen über das Lager, die Umgebung, den Oasa Hiko Schrein und die Stadt Tokushima. Ebenso sind auch Karten zur Kriegslage in Europa, den Völkern und Sprachen Mitteleuropas, ein Diagramm zur Temperatur des Gebietes Bando sowie eine Übersicht zu den Schwankungen des Wechselkurses und der Rohstoffpreise für Süßwarenherstellung enthalten.

10) unter „Verschiedenes" sind neben so wichtigen Daten wie der Namensliste der ehemals in Tsingtau verstorbenen Soldaten und einer Übersicht zur Auflage der *Baracke* auch ein vierteiliger Vortrag zu „Was unsere Namen erzählen" des erwähnten P. Sq, also Seesoldat Bohner, enthalten. Es handelt sich dabei um einen nahezu wissenschaftlichen Aufsatz, in dem für eine Einteilung und Erläuterung der Familiennamen der Soldaten aus Bando bis auf die romanische, slawische, griechische oder hebräische Sprache zurückgegangen wird. Es wird auch auf die Wortursprünge von Tier- und Pflanzennamen, Gebiets-, Berufs- und Sachgüterbezeichnungen eingegangen. Auf diese Weise wird der hohe Wissensstand des Schreibers deutlich, der immer von lernbegierigen jungen Soldaten umgeben war.

Der überaus umfangreiche Inhalt macht eine einfache Zusammenfassung kaum möglich. Die großartige Arbeit der Redaktion, die trotz Zensur der Lagerleitung, Kritik der übermäßig sensiblen Kameraden und dem Problem, kaum Beiträge von neuen Personen zu erhalten, dennoch einen so gehaltvollen Inhalt präsentierte, verdient Bewunderung.

V. Japanforschungen von Kriegsgefangenen

Unter den Gefangenen, die entweder in Japan zum Krieg in Tsingtau einberufen worden waren oder sich freiwillig dazu gemeldet hatten, waren einige, die bereits seit Jahren in Japan gelebt hatten und gutes Japanisch sprachen. Bei der Ausstellung im März 1918 übernahmen beispielsweise 17 deutsche Soldaten die Rolle eines Ausstellungsführers für Japaner. Sie waren nicht nur Vermittler zwischen den deutschen Soldaten und der japanischen Führung, sondern kannten sich auch z. B. in Volkssagen und Legenden aus. Diese „Japan-Kenner"[47] machten von ihrem Wissen Gebrauch, um die Aktivitäten der Lerngruppen voranzutreiben. Man muss dabei nicht erst erwähnen, dass diese Aktivitäten das Verständnis der Gefangenen gegenüber Japan und den Japanern erhöhten und daher von großer Bedeutung waren.

Von ihnen blieben einige auch nach der Freilassung in Japan und nicht wenige von ihnen setzten sich mit ihrer Arbeit für die Entwicklung unseres Landes ein. Johannes Barth etwa schuf eine Grundlage für die heutige Transistorindustrie in Japan, indem er sogenannte „rare metals" (Edelmetalle) wie Germanium und Silicium importierte. Hermann Bohner war als Dozent für deutsche Sprache an der heutigen Universität für Fremdsprachen in Osaka[48] tätig und bildete dort viele fähige Studenten aus. Kurt Meißner wiederum kümmerte sich um das Heizsystem des Keio Universitätskrankenhauses und bemühte sich so um die Verbreitung von neuer Technik. Der größte Beitrag, den diese Menschen leisteten, lag aber in ihrer Japanforschung, die sie auch in Deutschland vorstellten.

JOHANNES BARTH

JAPANS SCHAUKUNST
IM WANDEL DER ZEITEN

J. Barth „Japans Schaukunst im Wandel der Zeiten"

---

47 Die japanische Bezeichnung lautete 日本通 (*nihontsū*). Die Dolmetscher im Lager trugen übrigens eine Armbinde, auf der „Japanisch-Kenner" (口語通, *nichigotsū*) stand.
48 Vgl. FN 40.

Die Forschungen von Barth und Meißner waren höchstwahrscheinlich aus einem Hobby heraus entstanden. Barth war zudem mit einer Japanerin namens Chiyo verheiratet, mit der er sich Haikus widmete. Daneben forschte er über das Theater der Edo-Zeit (1600 bis 1867) wie Kabuki und Joruri. Als Ergebnis präsentierte er u. a. „Japans Schaukunst im Wandel der Zeiten" (1972) und verfasste wichtige Werke zum geschichtlichen wie kulturellen Hintergrund dieser Zeiten mit „Kamakura I und II" (1969-70) und „Edo" (1974).

K. Meißner

Meißner fühlte sich stark von Volkssagen und Legenden angezogen. Wie bereits erwähnt, kam Meißner als 21jähriger Angestellter einer mit Maschinen handelnden Firma 1906 nach Yokohama und blieb, die Zeit der Gefangenschaft eingeschlossen, bis zu seinem 80. Lebensjahr in Japan. Über sein Leben schrieb er das Buch „60 Jahre in Japan" (1973). Sein Interesse an Volkssagen soll mit einem Vortrag über ein Varietétheater (Yose), über das er nur zufällig als Ersatzredner sprach, ihren Anfang genommen haben.

Später sammelte er Gedichte zu Sternenfesten wie „Tanabata" und stellte der Öffentlichkeit altertümliche Webstühle, die Legende vom „Krieg der alten Dachse" sowie Holzdrucke vor. Die Universität Hamburg verlieh ihm für seinen Beitrag zur Verbreitung der japanischen Volkskunde den Ehrendoktortitel. Ferner übersetzte er auch Kurzgeschichten der Schriftsteller Saneatsu Mushakoji[49] und Kafu Nagai[50].

Besonders wichtig ist, dass er auf der Grundlage seiner eigenen Erfahrungen ein Lehrbuch zur japanischen Umgangs- und Schriftsprache erstellte, das auch im Lager Verwendung fand. Daneben verfasste er mit „Deutsche in Japan" (1939 und 1961) wichtige Aufzeichnungen zu den Aktivitäten von Deutschen, die nach der Öffnung Japans (ab 1853) ins Land gekommen waren.

---

49 MUSHAKOJI Saneatsu 武者小路 実篤 (1885-1976).
50 NAGAI Kafū 永井 荷風 (1879-1959).

Die Person, die sich jedoch am intensivsten mit der Forschung über Japan beschäftigte, war Hermann Bohner. Er arbeitete bereits in Tsingtau als Lehrer und nach der Freilassung aus dem Lager unterrichtete er Deutsch an der Schule für Fremdsprachen in Osaka. Nebenher setzte er sich mit vielen Geschichtswerken auseinander und war der Meinung, dass das Interesse der Japaner für das Heilige seinen Ursprung im Tenno, dem japanischen Kaiser hat. Bei den Geschichtswerken handelte es sich um die Anfertigung von mit Anmerkungen versehenen deutschen Übersetzungen des „Buches von der Wahren Gott-Kaiser-Herrschafts-Linie" [51] sowie den „Aufzeichnungen über Wunder in Japan"[52]. Darüber hinaus verfasste Bohner noch eine 1.000seitige Forschungsarbeit zu Shotoku Taishi [53] sowie Betrachtungen zu Fujiwara no Kamatari [54] und Kobo Daishi[55].

H. Bohner

In den 1940ern wechselte sein Hauptinteresse zum No-Theater. Nachdem er einige Bücher von Zeami übersetzt hatte, verfasste er „Gestalten und Quellen des No" (1955) und „No. Einführung" (1959). Bohner hatte auch Interesse an modernen Theaterformen und Romanen und machte nicht nur Werke von Yuzo Yamamoto [56] oder Saneatsu Musha-

---

51 神皇正統記 (jinnō shōtōki).
52 日本霊異記 (nihon ryōiki).
53 SHŌTOKU Taishi 聖徳太子 (574-622). Kronprinz Shotoku. Erhob u. a. den Buddhismus zur Staatsreligion Japans und schrieb mit den „17 Artikeln" (604) das erste staatsrechtliche Dokument Japans.
54 FUJIWARA no Kamatari 藤原 鎌足. Gründer des einflussreichen Familienclans Fujiwara.
55 KŌBŌ Daishi 弘法大師, auch: Kūkai 空海 (774-835). Buddhistischer Mönch, Gelehrter und Begründer des japanischen Shingon-Buddhismus.
56 YAMAMOTO Yūzō 山本 有三 (1887-1974). Japanischer Romanschriftsteller und Dramatiker.

koji, sondern auch belletristische Romane von Kido Okamoto [57] oder Kuni Sasaki bekannt[58].

Besonderes Augenmerk verdient der Aspekt, dass die Zeit in den Kriegsgefangenenlagern eine intensive Japanforschung ermöglichte. Meißner hatte sich zur Förderung des lagerinternen Japanischunterrichts bereits in Matsuyama mit der Erstellung eines Lehrbuches befasst. Für die wiederkehrenden Vorträge mussten diese Personen sich ein jeweils noch umfangreicheres Wissen über Japan aneignen. Der Gefangene Barth bemühte sich beispielsweise, seine Japanischkenntnisse zu verbessern, um dadurch ein tieferes Verständnis über das Kabukitheater zu erlangen. Aus diesem Grund sammelte er auch viele Zeitschriften.

Viele der Gefangenen beschäftigten sich noch vor der Gefangenschaft in der Deutschen Gesellschaft für Natur- und Völkerkunde Ostasiens (OAG) in Tokyo und Kobe mit Forschungen über Japan. Die OAG wurde bereits 1873 in Tokyo gegründet und steht in Kontakt mit der OAG in Hamburg. Besondere Forschungsergebnisse werden zeitgleich in Tokyo und Hamburg veröffentlicht. Die sogenannten Japan-Deutschen, wie sich die in Japan ansässigen Deutschen selbst nannten, fungierten als Feldforscher, die der Gesellschaft in der Heimat aktuelle Informationen zur Verfügung stellten. Viele Deutsche sind dieser Organisation beigetreten und haben dort durch Forschungsgruppen und Präsentationen Resultate hervorgebracht, die das bloße Maß eines Hobbys oder einer Nebenbeschäftigung überstiegen. Diese Aktivitäten wurden auch nach dem Ersten Weltkrieg bis heute fortgesetzt und viele Werke von Barth, Bohner und Meißner sind dort herausgegeben worden. Meißner und Barth übernahmen für eine Zeit den Posten des Vorsitzenden bzw. stellvertretenden Vorsitzenden der OAG in Tokyo.

---

57 OKAMOTO Kidō 岡本 綺堂 (1872-1939). Japanischer Schriftsteller.
58 SASAKI Kuni 佐々木邦 (1883-1964). Japanischer Schriftsteller.

VI. Freilassung, Heimfahrt und Wiederbelebung des Austausches

1. Freilassung und Heimfahrt

Der Erste Weltkrieg fand mit der Abdankung des Kaisers im Zuge der Revolution in Deutschland im November 1918 und der anschließenden Kapitulation sein Ende. Im Januar 1919 begann die Pariser Friedenskonferenz, die aber aufgrund unterschiedlicher Interessen der beteiligten Länder nur sehr schleppend vorankam. Eine Unterzeichnung des Versailler Vertrages kam erst Ende Juni zustande; in der Zwischenzeit setzte sich der Konflikt im linken Machtflügel Deutschlands weiter fort. Erst Mitte August entstand die deutsche Republik unter der Weimarer Verfassung. Die Ratifizierung des Vertrages von Versailles durch Deutschland geschah erst im Januar 1920, aber in Japan wurde schon früher mit der Freilassung und Heimkehr der Gefangenen begonnen. Bereits im Juni 1917 hatte man 13 italienische Soldaten freigelassen, nachdem Italien zuvor Deutschland den Krieg erklärt hatte. Mit dem Voranschreiten der Friedenskonferenz änderten sich auch die Landesgrenzen, wodurch Anfang Juni 1919 29 Personen aus Elsass-Lothringen sich auf den Heimweg machten und nachfolgend gegen Ende Juni zehn aus Polen stammende Gefangene in ihre Heimat zurückkehren durften. Sieben Gefangene aus Schleswig-Holstein kehrten im August zurück, um an der Volksabstimmung über die Zugehörigkeit ihres Landes teilzunehmen. Unter diesen Personen befand sich auch der Dirigent Hansen, der die Aufführung der Neunten Sinfonie und viele andere Konzerte geleitet hatte. Vier Personen aus Belgien, dessen Landesgrenze sich ebenfalls geändert hatte, wurden im Oktober 1919 freigelassen.

Die größte Gruppe von 604 Mann verließ Bando an Bord der Hofukumaru, die am 26. Dezember auslief. Es waren auch diese Männer, die die Bordzeitung *Heimfahrt* herausbrachten. Nachfolgend traten sieben Personen mit dem Schiff Himalayamaru von Mojiku in Kitakyushu den Heimweg an. Anfang des Jahres 1920, am 16. Januar, wurden weitere 92 Personen freigelassen,

Freilassung

die sich in Japan, Tsingtau oder anderen Orten in China niederlassen wollten. Die restlichen 272 Personen verließen Bando am 26. Januar, wovon sich 220 Mann am 27. Januar an Bord des Schiffes Hudsonmaru auf den Weg nach Deutschland und Südostasien machten.

An dieser Stelle sollen anhand der Aufzeichnungen des Archivs zur Diplomatie im japanischen Außenministerium[59] die Bewegungen derjenigen Personen festgehalten werden, die nicht sofort nach Deutschland zurückkehrten: In Japan verblieben 169 Personen, von denen 137 eine Anstellung fanden und 32 sich selbstständig machten. Darunter waren 62 aus Bando. Nach China gingen ca. 400 Personen, wovon sich 82 in Tsingtau und 108 in weiteren Gegenden, also insgesamt 190 Personen niederlassen wollten. Diese Zahl beinhaltet 65 ehemalige Bandoer. Die restlichen 210 Personen blieben für eine Zeit in China und kehrten schließlich in ihre Heimat zurück. Was dann aus ihnen wurde, ist allerdings nicht bekannt. Daneben gab es noch 256 Personen, die aus der Sorge heraus, auch in der Heimat keine Arbeit zu finden, u. a. als Polizisten im niederländischen Gebiet Südostasiens blieben. Von ihnen war ungefähr die Hälfte aus Bando.

Die Kriegsgefangenen auf dem Weg in die Heimat

Auf diese Weise wurden die Gefangenen nach und nach in die Freiheit entlassen. Das Lager Kurume wurde offiziell am 12. März 1920 geschlossen, die Geschichte Bandos endete zusammen mit den anderen vier Lagern am 1. April 1920. Bei der Freilassung und Heimkehr der Soldaten bedauerten viele Anwohner diesen Abschied. Die Emotionen waren vor allem bei den Anwohnern sehr stark, die von den Gefangenen direkt unterrichtet worden waren. Beispielsweise wurde der Landwirt H. Schmidt, der Anleitungen im Anbau von Gemüse sowie in der Brot- und Wurstherstellung gegeben hatte, jeweils von seinen Kameraden in den landwirtschaftlichen Gemeinschaftshäusern und Restaurants mit einem Bankett verabschiedet.

---

[59] Japanische Originalbezeichnung: 外務省外交史料館 (gaimushō gaikō shiryōkan). Die englische Bezeichnung auf der Homepage lautet „The Diplomatic Record Office of the Ministry of Foreign Affairs of Japan".

Die Engel-Musikschule soll durch Vermittlung von Leiter Matsue in einer Unterkunft für Pilger vor dem Ryozen-Tempel eröffnet worden sein. Da aber viele Schüler aus der Stadt Tokushima stammten und diese nur mühsam zum Unterricht kommen konnten, soll Engel sich in die Stadt aufgemacht und dort im Fotogeschäft Tachiki den Unterricht fortgeführt haben. Laut der Stadtgeschichte Narutos haben sich zum Abschied mehr als zehn seiner Schüler mit ihren Instrumenten versammelt und Engel bis zum Lagertor begleitend „Hotaru no Hikari"[60] gespielt. Es wird jedoch auch davon gesprochen, dass Engel sich zu dieser Zeit im Krankenhaus befunden haben soll. Welche dieser beiden Versionen historisch korrekt ist, konnte bisher noch nicht geklärt werden.

Viele Anwohner verabschiedeten sich auf äußerst herzliche Weise von den aufbrechenden Soldaten, indem sie kleine japanische und deutsche Fahnen schwenkend allen viel Glück wünschten.

2. Wiederbelebung des Austausches

In der darauf folgenden Zeit begann ein 15jähriger Krieg, der mit dem Zwischenfall in der Mandschurei (1931) und dem Japanisch-Chinesischen Krieg 1937 seinen Anfang nahm, in den Pazifischen Krieg (1941-45) überging und mit dem tragischen Schicksal von Hiroshima und Nagasaki endete. Während dieser Zeit geriet Bando in Vergessenheit und auch die Gebäude des Lagers wurden anscheinend nur von Zeit zu Zeit als Unterkunft bei Feldübungen japanischer Truppen verwendet. Die einzige Hinterlassenschaft des Lagers ist das Ehrenmal der deutschen Soldaten. Von diesem ist ein Foto aus dem Jahr 1937 erhalten, das eine Jugendgruppe aus der Anwohnerschaft zeigt, die das Ehrenmal säubert. Da im gleichen Jahr aber der Antikominternpakt zwischen Japan, Deutschland und Italien geschlossen wurde, könnte es auch sein, dass man sich nur aus diesem Anlass an das Ehrenmal erinnerte. Diese Aktivitäten waren jedenfalls nicht von Dauer und in den Wirren des Krieges versank der Gedenkstein ein weiteres Mal in Moos und Unkraut.

Nach Ende des Zweiten Weltkrieges kehrten viele Japaner aus dem Ausland in ihre Heimat zurück, die dann das Lager eine Zeit lang als

---

[60] 蛍の光 (hotaru no hikari) ist die japanische Version des schottischen Liedes „Auld Lang Syne", welches weltweit gern bei Verabschiedungen gespielt wird.

Behelfsunterkunft benutzten. Frau Harue Takahashi, die dort wohnte, bemerkte zufälligerweise den Gedenkstein beim Brennholzsammeln und begann, ihn zusammen mit ihrem Mann Toshiharu – der ein hartes Schicksal als Kriegsgefangener in Sibirien erlebt hatte – und weiteren Anwohnern zu säubern.

Diese Arbeit wurde 13 Jahre lang fortgeführt und dann im Oktober 1960 u. a. durch die Tokushima Zeitung bekannt gemacht. Dadurch erfuhr der damalige Botschafter der Bundesrepublik Deutschland, Wilhelm Haas, davon und besuchte darauf zusammen mit seiner Gattin sowie dem deutschen Generalkonsul aus Kobe, Dr. G. Schlegelberger und dessen Gattin Oasa[61].

Besuch des Botschafters Haas

40 Jahre vergingen also von der Schließung des Lagers bis zum erneuten Beginn des freundschaftlichen Austausches mit Deutschland. Aus dem Dankesschreiben, welches der Ort zusammen mit einer Kuckucksuhr von Botschafter Haas erhielt, erfährt man, dass der Bürgermeister von Oasa zusammen mit den Anwohnern die Gäste freundlich empfing und bei der Kranzniederlegung am Gedenkstein noch viele weitere Personen anwesend waren.

Etwas mehr als ein Jahr später, Ende Januar 1962, erreichte ein Brief des ehemaligen Gefangenen Eduard Leipold die Gegend, in dem er fragte, was aus dem Lager von damals geworden sei. Dies gab den Anstoß für eine weitere Belebung des Austausches. Angeregt durch Zeitungsberichte darüber, wurden uns viele Erinnerungen rund um das ehemalige Gefangenenlager mitgeteilt und auch Fotos und eine Mandoline überlassen. In diesem Verlauf gründete der Ort Oasa den „Rat zum Gedenken an die Deutschen"[62] und machte mit einem 8mm-Film Aufnahmen von den Resten des Lagers. Der Film wie auch einige Fotoalben wurden durch den Gouverneur der Präfektur Tokushima, Herrn Hara, der zufälligerweise im Mai 1962 eine Reise nach Europa antrat, in Frankfurt an Leipold übergeben.

---

61 Die Orte Bando 板東 (bandō) und Horie 堀江 (hori'e) wurden 1959 zum Ort Oasa 大麻町 (ōasa chō) zusammengefasst. Oasa wurde 1967 in die Stadt Naruto 鳴門市 (naruto shi) eingemeindet.

62 Japanischer Originaltitel: 独逸人を偲ぶ協議会 (doitsujin wo shinobu kyōgikai).

Im folgenden Antwortbrief von Leipold hieß es, dass der Film bei der Tsingtau-Japan-Gesellschaft in Bremen gezeigt wurde, woraufhin man ihn wiederholt bei Versammlungen ehemaliger Gefangener, die man später Bando-Gesellschaft nannte, aufführte. Besonders die fürsorgliche Pflege des Gedenksteines rief Bewunderung hervor und führte dazu, dass man Geldspenden sowie gemeinsam verfasste Dankesschreiben nach Japan schickte. Der Ort Oasa nahm diese entgegen und veranstaltete im Jahr 1963 zum ersten Mal eine Gedenkfeier vor dem Gedenkstein. Im Juli des darauffolgenden Jahres (1964) wurde Frau Harue Takahashi mit dem Verdienstorden der Bundesrepublik Deutschland ausgezeichnet.

Durch diese Entwicklungen verstärkte sich die Absicht zum Bau eines Deutschen Hauses und bereits Ende des gleichen Jahres gründete man die „Gesellschaft zum Bau eines Deutschen Gedächtnishauses"[63]. Weitere drei Jahre später (1967) wurde der Ort Oasa in die Stadt Naruto eingemeindet. 1968 besuchte der ehemalige Gefangene Johannes Barth mit seiner Gattin Bando. Barth, der zu der Zeit bereits sein Augenlicht verloren hatte, erinnerte sich durch Ertasten der Umgebung an die damalige Zeit.

Die Erinnerungen Barths an seine Gefangenschaft wurden als „50 Jahre – ein Traum" von einer Zeitung in Westdeutschland als Serie veröffentlicht und der Fernsehsender NHK strahlte „Die Gefangenen aus Bando Oasa"[64] auf Deutsch in Europa aus. Von Kurt Meißner und einigen anderen wurden Geldspenden zum Bau des Deutschen Hauses, Fotografien und weiteres Material ge-

Besuch des ehemaligen Gefangenen Barth

schickt. 1970 besuchten dann Eduard Leipold und Paul Kley, die sich bis dahin sehr für die Belebung des Austausches eingesetzt hatten, das ehemalige Gebiet Bando. Der Rundfunksender Shikoku Hoso produzierte im Jahr 1971 den Film „Das Kriegsgefangenlager Bando"[65] und ließ diesen Meißner als Geschenk zukommen. In der Zwischenzeit tra-

---

63 Ebenso: 独逸記念館建設期成会 (doitsu kinenkan kensetsu kiseikai).
64 Ebenso: 大麻町板東俘虜 (ōasachō bandō furyo).
65 Ebenso: 大麻町板東収容所 (ōasachō bandō shūyōjo).

fen weitere Geld- und Sachspenden für das im Bau befindliche Deutsche Haus ein.

Als Ergebnis dieser Entwicklungen wurde im Mai 1972 das Deutsche Haus in Naruto fertiggestellt. Dieses im Fachwerkstil erbaute Haus übernahm für die nächsten gut 20 Jahre die Rolle eines Zentrums für den japanisch-deutschen Austausch. Auch

Besuch der ehemaligen Gefangenen Leipold und Kley

nach der Eröffnung erreichten das Haus viele wertvolle Sachspenden von ehemaligen Gefangenen und deren Angehörigen, sodass es seither in vollem Umfang genutzt wurde.

Die Unterzeichnung eines Partnerschaftsvertrages zwischen den Städten Naruto und Lüneburg im April 1974 darf natürlich nicht vergessen werden. Beide Städte verbindet, dass sie sich durch Salzgewinnung entwickelt haben, wobei selbstverständlich die bereits soliden Beziehungen zu Bando den wichtigsten Grundstein für die Partnerschaft lieferten. Seither besuchen sich gegenseitig Freundschaftsdelegationen im Jahreswechsel. Ein Austausch findet aber nicht nur im musikalischen oder kulturellen Bereich statt. Im Jahre 1992 führte die Stadt Lüneburg eine Untersuchung zur Herkunft von 821 ehemaligen Gefangenen durch und gab als Ergebnis dieser Nachforschungen eine Liste der deutschen Delegation mit nach Naruto. Das Lager Bando spielt somit heutzutage noch eine wichtige Rolle innerhalb der freundschaftlichen Beziehungen beider Städte.

Feierliche Unterzeichnung des Partnerschaftsvertrages mit der Stadt Lüneburg

Einweihungsfeier des Gemeinschaftsehrenmals

Ende 1974 wurde von der Freundschaftsgesellschaft des Deutschen Hauses[66] eine offizielle Gedenkfeier für die in ganz Japan verstorbenen deutschen Soldaten abgehalten. Im November 1976 wurde rechts neben dem bereits vorhandenen Ehrenmal das Gemeinschaftsehrenmal der deutschen Soldaten errichtet. Es hat mit einer Höhe von 3,2 m und je 2 m Breite und Tiefe eine stattliche Größe und war 85 Soldaten gewidmet. Da aber die Namen zweier Verstorbener aus Ninoshima fehlten und die Angaben zu den Lagern teilweise fehlerhaft waren, wurden 1998 Verbesserungsarbeiten durchgeführt. Auf dem gegenwärtigen Ehrenmal sind die Namen aller 87 Soldaten angegeben.

Wiederaufführung der „Neunten"

Ein weiteres Ereignis, das in Erinnerung gehalten werden sollte, ist die Aufführung der Neunten Sinfonie von Ludwig van Beethoven anlässlich der Einweihung der Kulturhalle der Stadt Naruto 1982. Die „Neunte" wurde im Lager am 1. Juni 1918 aufgeführt, weshalb man in Naruto diese Sinfonie seither an jedem ersten Sonntag im Juni unter Beteiligung von vielen Liebhabern der Neunten Sinfonie aus ganz Japan aufführt. Im Jahr 1998 – knapp 80 Jahre nach Lagerschließung – wurde die „Neunte" genau wie zu Lagerzeiten nur durch Männerstimmen erneut aufgeführt; 2001 gab es in Lüneburg das „Heimkehrkonzert der Neunten Sinfonie"[67] mit einem gemeinsamen japanisch-deutschen Chor. Ein zweites Heimkehrkonzert wurde 2003 in Braunschweig veranstaltet.

1983 wurde auf einem Hügel, der auf die Überreste des ehemaligen Lagers hinabblickt, die in Deutschland hergestellte „Glocke von Bando" aufgestellt. Sie erklingt täglich dreimal für die japanisch-deutsche Freundschaft.

---

66   Ebenso: ドイツ館友の会 (*doitsukan tomo no kai*).
67   Ebenso: 「第九」の里帰り公演 (*'daiku' no satogaeri kōen*).

Angelockt von diesem Klang kamen nicht nur die Bürger Lüneburgs, sondern bis in jüngste Vergangenheit auch Nachfahren ehemaliger Gefangener zu uns. Mittlerweile sind aber bereits mehr als 80 Jahre vergangen und so verstarb nach Leipold, Meißner und Barth 1992 auch der letzte ehemalige Kriegsgefangene Kley. Auf japanischer Seite verließ uns im Jahre 1999 mit Herrn Mori die letzte Person, die die damalige Zeit noch erlebt hatte.

Die Glocke von Bando

Nachdem das Deutsche Haus nach 20 Jahren zu eng und marode geworden war, errichtete man im Oktober 1993 das gegenwärtige neue Deutsche Haus. Der Bau mit einem Turm in der Mitte erfolgte in Anlehnung an das Rathaus der Partnerstadt Lüneburg

Das neue Deutsche Haus

und erfreut sich aufgrund der eleganten Erscheinung großer Beliebtheit. Auf dem Platz vor dem Haupteingang, inmitten von Pfirsichhainen und deutschen Kosmosblumen, wurde 1997 vom deutschen Bildhauer Peter Kuschel eine Beethoven Statue errichtet.

Die Überreste des ehemaligen Gefangenenlagers sind vom Deutschen Haus nur durch einen Berg getrennt. Mit dessen Pflege und Instandhaltung liegen allerdings noch viele weitere Aufgaben vor uns.

Schluss – Intensivierung der „Forschungen zu Bando"[68]

In diesem Museumsführer wurde ein Überblick über das Kriegsgefangenenlager Bando gegeben und die Wiederbelebung der freundschaftlichen Beziehungen nach dem Zweiten Weltkrieg beschrieben. Heutzutage gibt es noch immer Konflikte auf der ganzen Welt, bei denen Blut mit Blut vergolten wird und sogar Menschen eines Volkes feindselige Gefühle gegeneinander hegen. In einer solchen Zeit gibt es meines Erachtens viel von der bereits mehr als 90 Jahre alten Geschichte Bandos zu lernen. Es ist die Geschichte einer rücksichtsvollen Lagerführung, eines freundschaftlichen Austauschs mit den Anwohnern und der Einstellung der Gefangenen, sich unglücklichen Umständen nicht zu unterwerfen, sondern zu handeln und vorwärts gerichtet zu leben.

Über das Leben im Lager und über ihre Gedanken zu Personen und Dingen, die ihnen während dieser Zeit eine Stütze waren, haben die fleißigen Deutschen ausführlich geschrieben, so u. a. in den Zeitungen *Lagerfeuer* aus Matsuyama, *Die Baracke* aus Bando und *Die Heimfahrt*, welche an Bord des Schiffes Hofukumaru entstanden ist.

Wir, von der Forschungsgruppe für Geschichtsmaterialien, haben anlässlich des 50jährigen Jubiläums der Stadt Naruto 1998 die japanische Übersetzung des ersten Bandes der *Baracke* herausgegeben. Das Original, welches in einem Schriftsatz geschrieben wurde, der heutzutage auch in Deutschland zumeist nur noch von älteren Personen gelesen werden kann, haben wir in einer für jedermann lesbaren Schrift neu veröffentlicht. In der Übersetzung treten leider noch einige Mängel wie beispielsweise zahlreiche wörtliche Übersetzungen sowie Druckfehler auf, bei der Übersetzung der folgenden Bände[69] achten wir jedoch darauf, diese Fehler nicht zu wiederholen.

Die Forschungen zu Bando begannen mit Herrn Hiroshi Tomita (zuletzt Professor an der Technischen Universität Toyohashi), der über einen Bekannten zufällig die *Baracke* gezeigt bekam, die dieser in einem Antiquariat in Nagoya erworben hatte. Tomita war in seinen späten Lebensjahren als Berater im alten Deutschen Haus der Stadt Naruto angestellt, wo er nicht nur viele wertvolle Hinweise gab, sondern auch zahlreiche Aufsätze und Übersetzungsentwürfe hinterließ. Seine Hinterlassenschaften wurden von seiner Ehefrau dem Deutschen Haus ge-

---

[68] Weitere Angaben zu den in diesem Kapitel angegebenen Werken siehe „Literaturverzeichnis" im Anhang.
[69] Vgl. FN 4.

spendet. Teile seiner Forschungsergebnisse sind in seinem Werk „Das Kriegsgefangenenlager Bando - Der Japanisch-deutsche Krieg und deutsche Gefangene in Japan" (1991) [70] zusammengefasst.

Auf dessen Grundlage schrieb Keisuke Hayashi „Das Kriegsgefangenenlager Bando - Der Ursprung der Neunten Sinfonie" (1978) sowie die überarbeitete Ausgabe davon unter dem Titel „Die Heimat der ‚Neunten' - das Deutsche Dorf" (1993). Da Hayashi aus der Gegend Oasa stammt, sind darin viele Informationen von älteren Personen aus erster Hand enthalten, die auch als Referenz für dieses Buch gebraucht wurden. Außerdem übersetzte er das Werk „4 1/2 Jahre hinterm Stacheldraht - Gedicht- und Bildband der deutschen Kriegsgefangenen" (1979) und setzte sich für einen weiteren Bekanntheitsgrad Bandos mit der Übersetzung des Buches von C. Burdick/U. Moessner „The German Prisoners-of-War in Japan 1914-1920" (1982) ein. Das Werk „Sportaktivitäten der Gefangenen - im Falle deutscher Kriegsgefangener in Japan während des Ersten Weltkrieges" (1998) von Rie Yamada ist eine Forschungsarbeit mit Hauptaugenmerk auf die sportlichen Aktivitäten in Bando.

Darüber hinaus gehören u. a. die zweite Hälfte des Buches „Das Lager Matsuyama - Kriegsgefangene und Japaner" (1969) von Tokio Saikami, das „Handbuch der Kriegsgefangenenpost Tsingtau 1914-1920" (1982) von H. Rüfer und W. Rungas, „Die Neunte Sinfonie und die Japaner" (1989) von Toshihiro Suzuki und „Der Leiter des Kriegsgefangenenlagers Bando - Toyohisa Matsue" (1993) von Arata Yokota zum Referenzmaterial. Das Werk „Forschungen zum Kriegsgefangenenlager Bando" (1990) des Seminars für sozialwissenschaftliche und künstlerische Bildung der Pädagogischen Hochschule Naruto kann als weitere Referenz genannt werden.

Als Kinderbücher erschienen u. a. „Geschichten über ´Herr Deutscher´" (1974) von Kazumi Harada, „30.000 km bis zum Glück - Die edlen Herzen des Ehepaares Takahashi, das sich der Pflege des Grabes der Deutschen widmete" (1984) von Bunryo Okamoto, „Die Neunte Sinfonie zum ersten Mal in Japan" (Manga) (1989) von Yoshiki Iwama und Yoko Naono sowie das von Frau Haru Ataka - die den Stiefsohn des ehemaligen Gefangenen Haertel heiratete - geschriebene Buch

---

[70] Hinweis zur Übersetzung des Japanischen Titels 板東俘虜収容所　日独戦争と在日ドイツ俘虜 (*bandō furyo shūyōjo – nichidoku sensō to zainichi doitsu furyo*): 日独戦争 (*nichidoku sensō*) wird im Deutschen auch mit „Der Kampf um Tsingtau" übersetzt.

über Erinnerungen an ihren Schwiegervater „Auf den Spuren der Vergangenheit meines Vaters – Erzählungen zum Kriegsgefangenenlager der Deutschen in Bando" (1997).

Es erschienen auch Romane, die sich mit der Thematik des Lagers Bando beschäftigen. So gibt der Roman von Hiroshi Muneta „Kirschblüten und Disteln" (1974), der fortlaufend in der Tokushima Zeitung veröffentlicht wurde, die Verhältnisse Bandos zur damaligen Zeit sehr gut wieder. Dieses Buch ist unter dem neuen Titel „Japaner und Deutsche – Der Mensch Matsue und die Lagerzeitung der Gefangenen aus Bando" (1997) beim Verlag Kojin NF aufgenommen worden. „Die jüdische Grabstätte" (1978) von Keisuke Hayashi behandelt ebenfalls Bando und „Widergespiegelte Heimatwelten – Berge und Flüsse" (1994) von Akihiko Nakamura erhielt mit dem Naoki-Preis eine hohe literarische Auszeichnung. Ferner sind von Josef Kreiner aus der Universität Bonn drei Werke zum japanisch-deutschen Verhältnis nach dem Ersten bis zum Zweiten Weltkrieg als Referenzmaterial vorhanden.

Soweit stellt sich der Verlauf der bisherigen Forschung mit dem dazugehörigen wesentlichen Referenzmaterial dar. Eingehende Forschungen über Bando befinden sich somit noch in den Kinderschuhen. Neben dem Tagebuch „Berichte" (Eintragungen vom 12. April 1917 bis 29. Dezember 1918 sind noch erhalten) der Polizei, die damals für die Bewachung des Lagers zuständig war, gibt es noch viele Materialien, die uns von Nachkommen ehemaliger Gefangener oder Nachkommen Hiroshi Tomitas erreicht haben und die ebenso wie neu erworbene Unterlagen noch gesichtet werden müssen. Überdies gibt es noch wertvolles Material, durch welches man nicht nur über Bando, sondern auch über die anderen Lager etwas erfährt und welches ebenfalls eine neue Durchsicht verlangt. Darunter wären u. a. die „Unterlagen zu deutschen Kriegsgefangenen" aus dem Besitz der Bibliothek des „National Institute for Defense Studies" in Meguro (Tokyo), wie auch „Verschiedene Aufzeichnungen zu deutschen Kriegsgefangenen anlässlich der Gründung des Informationsbüros für Kriegsgefangene im japanisch-deutschen Krieg" (21 Bände) aus dem „The Diplomatic Record Office of the Ministry of Foreign Affairs of Japan" in Roppongi (Tokyo). Ferner ist der „Tägliche Telegrammdienst" (acht Bände), in dem in Bando Zeitungsartikel zusammengefasst tagtäglich herausgebracht wurden, fast vollständig im Deutschen Institut für Japanstudien (DIJ) in Tokyo vorhanden.

1997 ist in Kurume unter dem Titel „Deutsche Kriegsgefangene in Kurume"[71] eine Sonderausstellung eröffnet worden, bei der zahlreiche Fotos und Hinterlassenschaften aus damaliger Zeit vorgestellt wurden. In Narashino wurde im Jahr 2000 eine Sonderausstellung zu historischen Materialien unter dem Titel „Wie die deutschen Soldaten Narashino sahen" eröffnet. 2005 wurde in Hiroshima eine Fernsehdokumentation produziert, die den Spuren des Fußballteams aus Ninoshima und der darauffolgenden Zeit nachging. Vor diesem Hintergrund wird seit dem Jahr 2003 im Herbst jedes Jahres der Forschungsbericht „Deutsche Kriegsgefangene aus Tsingtau in japanischen Internierungslagern"[72] herausgegeben, in dem man sich über den Forschungsstand in den jeweiligen Regionen austauscht. Die „Forschungsgruppe 'Deutsche Soldaten als Kriegsgefangene aus Tsingtau'"[73] der Stadt Marugame gibt je nach Bedarf einen Emailbericht in Umlauf, der die Grundlage für einen weiten Informationsaustausch liefert.

Während des Deutschlandjahres in Japan wurde im Oktober 2005 im Deutschen Haus zum ersten Mal ein landesweites Symposium durchgeführt, bei dem sich zahlreiche Forscher versammelt und umfassend ausgetauscht haben.

Ferner hat die Filmgesellschaft Toei im Herbst 2005 in Naruto Dreharbeiten zu dem Film „Ode an die Freude"[74] durchgeführt, in dem der japanisch-deutsche Freundschaftsaustausch in Bando beschrieben wird. In Japan hatte der Film im Juni 2006 Premiere, in Deutschland wurde er erstmals im Mai 2007 gezeigt. Bis Februar 2009 war das Filmkulissendorf der Öffentlichkeit zugänglich; später wurde es an einen anderen Standort nicht weit vom Deutschen Haus verlegt.

Über die Städtepartnerschaft hinaus haben sich die freundschaftlichen Kontakte inzwischen auch auf Bundesland- bzw. Präfekturebene ausgeweitet: Am 13. September 2007 unterzeichneten der Niedersächsische Ministerpräsident und der Gouverneur der Präfektur Tokushima in Hannover eine Partnerschaftserklärung, um den Austausch auf den unterschiedlichsten Gebieten wie Wissenschaft, Kultur, Sport und Wirtschaft voranzutreiben.

---

71 Japanischer Originaltitel: ドイツ人俘虜と久留米 (doitsujin furyo to kurume).
72 Der zusätzliche japanische Titel lautet: 「青島戰ドイツ兵俘虜収容所」研究 ('chintaosen doitsuhei furyo shūyōjō' kenkyū).
73 Japanischer Originaltitel: チンタオ・ドイツ兵俘虜研究会 (chintao – doitsuhei furyo kenkyū kai).
74 Siehe FN 3.

8. Konzert des Engel Orchesters

II. Symphonie-Konzert des Tokushimaer Orchesters: Beethovens Neunte

22. Konzert des Tokushimaer Orchesters

Weihnachts-Konzert der Kapelle der M.A.K

3. Konzert des Engel Orchesters

14. Konzert des Engel Orchesters

3. Konzert des Blas-Orchesters
Vom III.S.B.

30. Konzert der Kapelle der M.A.K.

Bunter Abend der M.A.

Theateraufführung: „Die Rabensteinerin"

Lustspiel „Im Weißen Rößl"

Puppenspiel „Doktor Faust"